ドラえもんの学習シリーズ
●社会科おもしろ攻略●

白地図で
ぐんぐんのびる地理力

【キャラクター原作】藤子・F・不二雄　【監修】浜学園

はじめに

日本は四方を海に囲まれた島国で、47の「都道府県」に区切られています。それぞれの都道府県には気候や地形に特ちょうがあり、その特ちょうを生かしたくらしや、農業・漁業・工業などの、さまざまな産業活動が行われています。

こうしたことを、おもに小学三年生から五年生にかけて、社会科の授業で習います。その学習の土台となるのが「地図」です。

この本では日本っていったいどんな形をしているの？ から学習をはじめ、日本列島を6つの地方に分けた地図を使って都道府県名とその位置や特ちょうをおぼえられるように、くふうしました。

そして、日本のようすをおぼえたところで、山地、河川、湖などの地形のようすや、農業・漁業・工業などの産業のようす、そして日本と関わりの深い世界の国ぐにのことまで、楽しみながら学習できるようにつくっています。

また、この本では地図を「見る」だけでなく「書き」こんでいくことができるので、都道府県名や国の名前、社会科で習う用語を、しっかりおぼえることができます。

　この本を通して身につけた日本や世界についての知識は、みなさんの一生の財産です。最後のページまでやり通して、日本や世界にくわしい「地理のたつじん」になってください。

監修／浜学園
創立から50年余り、関西圏を中心に難関中学への圧倒的な合格実績を持つ「進学教室浜学園」を運営。さらに、幼児教室の「はまキッズ」や個別指導の「Hamax」、自学・自習プログラム「はま道場」なども運営している。

この本の使い方

①必ず最初のページからはじめよう！

　この本の内容は、多くの先生が力を合わせて、小学校三年生で習うことから、中学入試で役に立つことまでを、順序だててわかりやすく構成しています。あなたが何年生でも、必ず最初のページから学習をはじめましょう。

②本にどんどん書きこもう！

　この本はPUR製本といって、机の上に本を開いておいてもページが閉じにくく、えんぴつで書きこみがしやすいようにつくられています。くり返し学習したいページは、消しゴムで消して、何度も書いて、おぼえましょう。

③自分のペースで学習を進めよう！

　この本では学校で習うことから、学校で習わないけれどおぼえておきたいことまで、内容がとてもこくなっています。先を急がず、自分のペースで１つひとつおぼえ進めるように、学習を進めましょう。

④左ページは重要ポイント、右ページはプリント！

　ほとんどのページが左ページは重要ポイント、右ページは書きこみ用のプリント教材となっています。学習をするときはまず左ページの赤い字を声に出して読み、場所の名前や位置をおぼえましょう。そろそろおぼえたかな、というときに、右ページに書きこんで、確かめましょう。

⑤都道府県名は漢字でおぼえよう！

　小学校では、四年生で全ての都道府県名の漢字を習い終えることになりました（2020年度進級の新四年生から）。都道府県名は正しく漢字で書けるように練習しましょう。また、書き方がよくわからない漢字が出てきたら、辞書で調べて書くようにしましょう。

※地図の方位について：この本にのっている白地図は、原則として本の上が北、本の下が南の方角になっていますが、一部の地図では例外もあります。
※地図の縮尺について：この本にのっている地図の縮尺（実物より縮めた図の、縮める割合）は、ページによって一定ではありません。

もくじ

はじめに	2
この本の使い方	4
日本の形をおぼえよう！	**10**
4つの大きな島	12
日本列島をなぞろう	14
日本列島を完成させよう	15
北海道をなぞろう	16
北海道を完成させよう	17
本州をなぞろう	18
本州を完成させよう	19
四国をなぞろう	20
四国を完成させよう	21
九州をなぞろう	22
九州を完成させよう	23
点をつないで日本列島をつくろう	24
四角をぬって日本列島をつくろう	25
日本列島パズル	26
日本のまわりのようす	28

都道府県をおぼえよう！ ……30

都道府県ってなんだ？ ……32

日本の都道府県庁所在地 ……33

九州地方の8県 ……34

九州地方の県 ……36

九州地方の県の形 ……38

中国地方の５県と四国地方の４県 ……40

中国・四国地方の県 ……42

中国・四国地方の県の形 ……44

近畿地方の２府５県 ……46

近畿地方の府県 ……48

近畿地方の府県の形 ……50

西日本の府県 ……52

中部地方の9県 ……54

中部地方の県 ……56

中部地方の県の形 ……58

関東地方の１都６県 ……60

関東地方の都県 ……62

関東地方の都県の形 ……64

東北地方の６県と北海道 ……66

東北・北海道地方の道県 ……68

東北・北海道地方の道県の形 ……70

東日本の都道県 ……72

県庁所在地名と県名がちがう県 ……74

県名と名前がちがう県庁所在地名 ……76

7

人口の多い都市 ……………………………………… 78

全都道府県 …………………………………………… 80

日本の全都道府県の形1 …………………………… 82

日本の全都道府県の形2 …………………………… 84

日本の地形をおぼえよう！ ………………………… 86

日本の半島・湾・島 ………………………………… 88

主な半島 ……………………………………………… 90

主な湾 ………………………………………………… 92

主な島 ………………………………………………… 94

日本の山・湖 ………………………………………… 96

主な山地・山脈・高地 ……………………………… 98

主な火山 ……………………………………………… 100

主な湖 ………………………………………………… 102

日本の川・平野 ……………………………………… 104

主な川 ………………………………………………… 106

主な平野 ……………………………………………… 108

主な盆地・台地 ……………………………………… 110

日本の海流・気候 …………………………………… 112

日本の海流 …………………………………………… 114

日本の気候 …………………………………………… 116

世界の形をおぼえよう！ …………………………… 118

世界のすがた ………………………………………… 120

地球儀 ………………………………………………… 122

世界の大陸・大洋 …………………………………… 124

世界の州 ……………………………………………… 126

8

世界の主な地形 ……………………………………… 128

アジア ……………………………………………… 130

ヨーロッパ ………………………………………… 132

アフリカ・オセアニア …………………………… 134

北アメリカ・南アメリカ ………………………… 136

日本の貿易 ………………………………………… 138

主な輸入相手国・地域 …………………………… 140

主な輸入品と相手国 ……………………………… 142

主な輸出相手国・地域 …………………………… 144

主な輸出品と相手国 ……………………………… 146

日本の産業をおぼえよう！ 148

日本の農業 ………………………………………… 150

日本の農業(米) …………………………………… 152

日本の農業(果物) ………………………………… 154

日本の農業(野菜) ………………………………… 156

日本の農業(畜産) ………………………………… 158

日本の林業 ………………………………………… 160

日本の漁業 ………………………………………… 162

日本の工業地帯・工業地域 ……………………… 164

日本の石油化学コンビナート・製鉄所 ………… 166

主な空港と港 ……………………………………… 168

主な道路 …………………………………………… 170

新幹線 ……………………………………………… 172

この本に出てくる主な用語 ……………………… 174

9

日本の形をおぼえよう！

◆ 4つの大きな島 ◆

日本列島の中心となる、1番大きな島を、本州というよ。
本州の北に北海道、南西に四国と九州があるんだ。

沖縄県は、九州のずっと南の海にあるんだね。

まずは右ページの地図を使って、4つの大きな島の形と、出っぱっている所をおぼえよう！

出っぱっている所は、海につき出ている陸地だね！

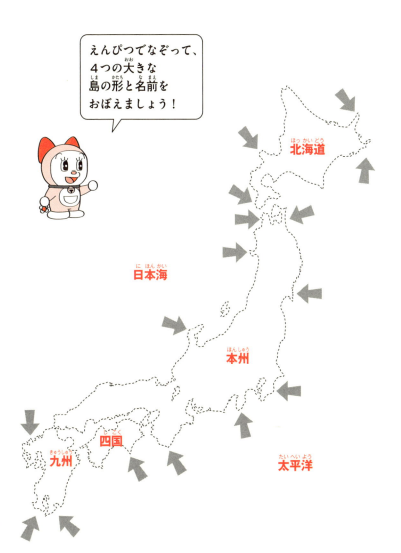

日本列島をなぞろう

えんぴつで点線をなぞって、日本列島の形を完成させましょう。

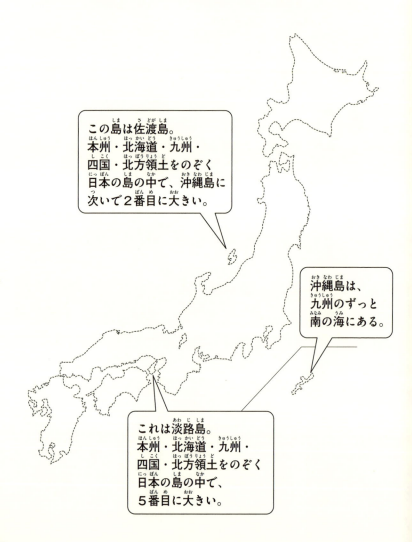

この島は佐渡島。本州・北海道・九州・四国・北方領土をのぞく日本の島の中で、沖縄島に次いで2番目に大きい。

沖縄島は、九州のずっと南の海にある。

これは淡路島。本州・北海道・九州・四国・北方領土をのぞく日本の島の中で、5番目に大きい。

日本列島を完成させよう

左の白地図を見ながら、ぬけている線を書いて、日本列島の形を完成させましょう。

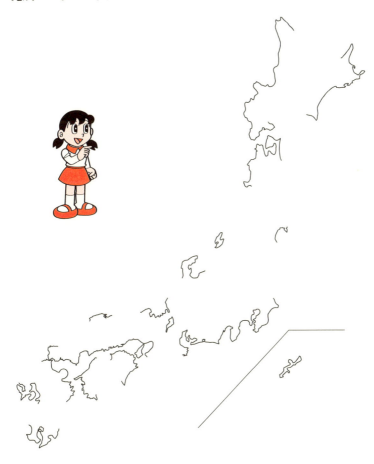

北海道をなぞろう

えんぴつで点線をなぞって、北海道の形を完成させましょう。

☆からスタートしよう。
右まわりに書いても
いいよ。

北海道を完成させよう

左の白地図を見ながら、ぬけている線を書いて、北海道の形を完成させましょう。

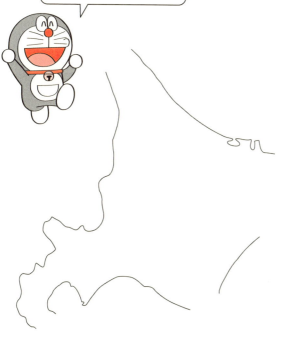

北海道は日本で1番広い都道府県だ。
北海道の広さは九州の約2倍もあるよ。

えんぴつで点線をなぞって、本州の形を完成させましょう。

☆からスタートしよう。
右まわりに書いても
いいよ。

本州を完成させよう

左の白地図を見ながら、ぬけている線を書いて、本州の形を完成させましょう。

本州は日本で1番大きな島で、34の都府県があるわ。

四国をなぞろう

えんぴつで点線をなぞって、四国の形を完成させましょう。

☆からスタートしよう。
右まわりに書いても
いいわよ。

四国を完成させよう

左の白地図を見ながら、ぬけている線を書いて、四国の形を完成させましょう。

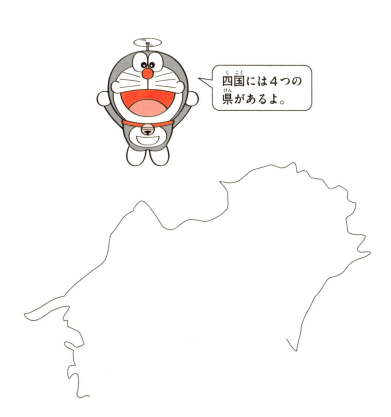

四国には4つの県があるよ。

九州をなぞろう

えんぴつで点線をなぞって、九州の形を完成させましょう。

☆からスタートしよう。右まわりに書いてもいいよ。

(沖縄島)

九州を完成させよう

左の白地図を見ながら、ぬけている線を書いて、九州の形を完成させましょう。

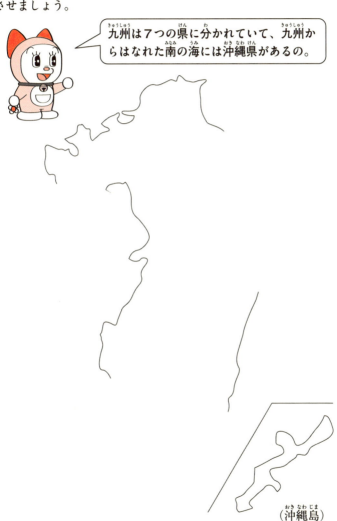

九州は7つの県に分かれていて、九州からはなれた南の海には沖縄県があるの。

(沖縄島)

点をつないで日本列島をつくろう

えんぴつで点と点をつないで、日本列島を完成させましょう。

四角をぬって日本列島をつくろう

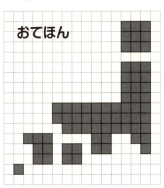

おてほんは日本列島をかんたんに表した図です。下のます目をえんぴつでぬって、同じ図を完成させましょう。

おてほんのます目の位置と数をよく見て、ぬりつぶそう。

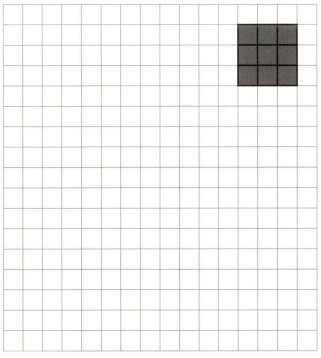

日本列島パズル

本州、四国、九州をさがして、色をぬって日本列島を完成させましょう。

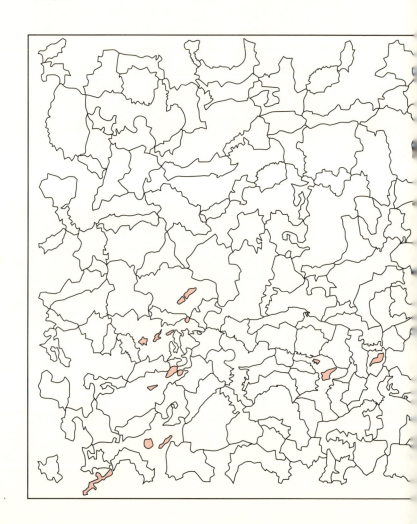

北海道と主な島や、滋賀県の琵琶湖(日本一大きい湖)は、もう色がついているよ。

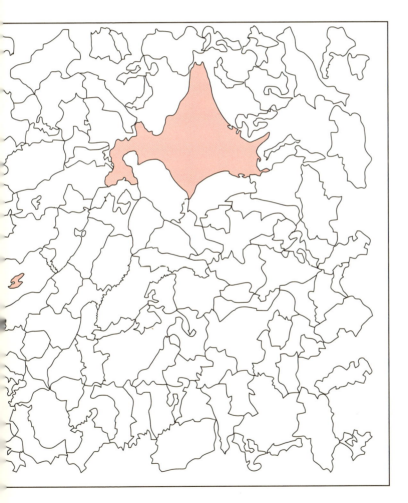

日本のまわりのようす

日本のまわりの海の名前、国の名前、東西南北の端にある島の名前をおぼえましょう。

左ページを見ながら書こう！

日本のまわりの海の名前、国の名前、東西南北の端にある島の名前を書きましょう。

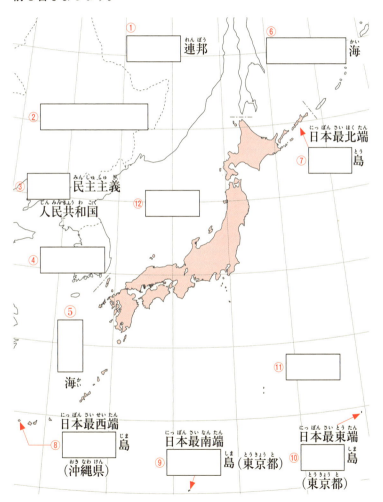

都道府県をおぼえよう！

そうだね。さらに、広い本州を5つに分けて、日本全体は大きく8つの地方に分けられるんだ。

そして、各地方はさらに1都・1道・2府・43県に分けられる。これが都道府県だよ。

都道府県は全部で47あるのかあ。

◆ 都道府県ってなんだ？ ◆

47の全ての都道府県のうち、都は東京都、道は北海道だけ。府は大阪府と京都府だけで、ほかはすべて県だよ。

都と府と県は、何がちがうの？

今から150年ぐらい昔に日本が「県」に分けられたとき、特に政治的に重要だった東京・京都・大阪だけが「府」になったんだ。その後、東京が「都」になったんだよ。

都道府県には庁という役所がおかれていて、そこにくらす人たちのために、いろいろな仕事が行われているの。

県の庁がある市を、県庁所在地というんだ。
北海道は道庁、東京は都庁、大阪と京都は府庁というよ。

日本の都道府県庁所在地

1	北海道	札幌市
2	青森県	青森市
3	秋田県	秋田市
4	岩手県	盛岡市
5	山形県	山形市
6	宮城県	仙台市
7	福島県	福島市
8	群馬県	前橋市
9	栃木県	宇都宮市
10	茨城県	水戸市
11	千葉県	千葉市
12	埼玉県	さいたま市
13	東京都	東京(新宿区)
14	神奈川県	横浜市
15	新潟県	新潟市
16	長野県	長野市
17	山梨県	甲府市
18	静岡県	静岡市
19	富山県	富山市
20	岐阜県	岐阜市
21	愛知県	名古屋市
22	石川県	金沢市
23	福井県	福井市
24	滋賀県	大津市
25	三重県	津市
26	京都府	京都市
27	奈良県	奈良市
28	兵庫県	神戸市
29	大阪府	大阪市
30	和歌山県	和歌山市
31	鳥取県	鳥取市
32	岡山県	岡山市
33	島根県	松江市
34	広島県	広島市
35	山口県	山口市
36	香川県	高松市
37	徳島県	徳島市
38	愛媛県	松山市
39	高知県	高知市
40	福岡県	福岡市
41	佐賀県	佐賀市
42	長崎県	長崎市
43	大分県	大分市
44	熊本県	熊本市
45	宮崎県	宮崎市
46	鹿児島県	鹿児島市
47	沖縄県	那覇市

きみが住んでいる都道府県の県庁所在地は何市かな?

赤い字が、都道府県名と県庁所在地名がちがうところなんだね。

A 北海道地方
B 東北地方
C 関東地方
D 中部地方
E 近畿地方
F 中国地方
G 四国地方
H 九州地方

次のページから地方ごとに、少しずつおぼえていきましょう!

九州地方の8県

九州は7つの県に分かれている。その南の海にある沖縄県をふくめて、8つの県があるんだ。

赤字の( )の中は県庁所在地名よ。県名といっしょにおぼえましょう。

沖縄県だけが、県名と県庁所在地名がちがうね。

※●は各県庁所在地です。

福岡県(福岡市)

九州地方で最も人口が多い県で、福岡市は九州地方の商業の中心地。筑紫平野や福岡平野では稲作、野菜や果物の栽培、畜産などが行われ、北九州工業地域を中心に鉄鋼などの工業が盛ん。

佐賀県(佐賀市)

有明海は、のりの養殖で有名。佐賀平野を中心に稲作が盛んで、みかんや野菜の栽培、畜産も行われている。伝統工芸として有田や唐津の陶磁器づくりが知られている。

長崎県(長崎市)

海につき出た半島部と対馬、壱岐、五島列島など大小971の島じまからなる。入り組んだ海岸線の長さは日本一で、漁港が発達し、漁業が盛ん。びわやカステラなどが特産品。

大分県(大分市)

くじゅう連山(九重山)、由布岳などの火山があり、温泉地が多いことで有名。大分市周辺では重化学工業が発達していて、かぼす、しいたけなどが特産品として知られている。

宮崎県(宮崎市)

太平洋に面し、沖を流れる黒潮の影響で気候が温暖。宮崎平野を中心にきゅうりやピーマンなどの野菜、夏みかんやきんかんなど果物の生産が盛ん。

熊本県(熊本市)

島原湾に面する熊本平野や、八代海に面する八代平野などの平野部では農業が盛んで、稲作、野菜や果物の栽培が行われている。阿蘇山は世界最大級のカルデラで有名。いぐさ、すいか、トマトなどが名産品。

鹿児島県(鹿児島市)

沖縄県(那覇市)

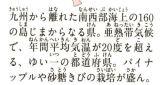

九州地方の南端にある県で、桜島、霧島山など火山が多い。約2万5千年前の火山の噴火で火山灰が積もってできたシラス台地が県本土の半分以上を占める。農業や畜産が盛んで、さつまいもや黒豚が有名。

九州から離れた南西部海上の160の島じまからなる県。亜熱帯気候で、年間平均気温が20度を超える、ゆい一の都道府県。パイナップルや砂糖きびの栽培が盛ん。

参考資料:小学百科大事典きっずジャポニカ(小学館)、農林水産省統計、経済産業省ウェブサイト
※データは2017年のものです。

◆ 九州地方の県 ◆

九州地方にある県名と県庁所在地名を漢字で書けるようになりましょう。

	県名	県庁所在地名		県名	県庁所在地名
①	福岡県	福岡市	⑤	熊本県	熊本市
②	佐賀県	佐賀市	⑥	宮崎県	宮崎市
③	長崎県	長崎市	⑦	鹿児島県	鹿児島市
④	大分県	大分市	⑧	沖縄県	那覇市

那覇市がある沖縄島は、北方領土をのぞくと、1番大きな島なんですって!

左ページをよくおぼえたら、ここに書こう！

九州地方にある県名と県庁所在地名を漢字で書きましょう。

	県名	県庁所在地名		県名	県庁所在地名
①			⑤		
②			⑥		
③			⑦		
④			⑧		

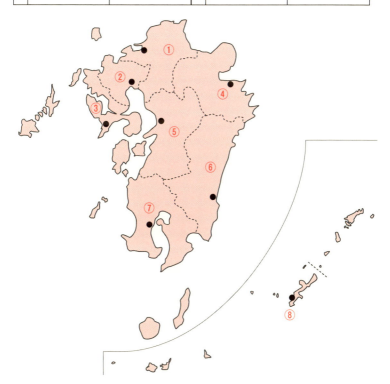

◆ 九州地方の県の形 ◆

九州地方の県の形です。下の県の形と①〜⑧の県名をおぼえましょう。（縮尺は同じではありません。）

	県名
①	沖縄県
②	宮崎県
③	長崎県
④	大分県
⑤	福岡県
⑥	佐賀県
⑦	熊本県
⑧	鹿児島県

—— 海岸線
---- 県境

左ページをよくおぼえたら、ここに書こう！

県の形を見て、①～⑧の県名を漢字で書きましょう。

	県名
①	
②	
③	
④	
⑤	
⑥	
⑦	
⑧	

—— 海岸線
---- 県境

39

中国地方の5県と四国地方の4県

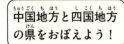

中国地方と四国地方の県をおぼえよう！

中国地方は島根県、四国地方は香川県と愛媛県が、県名と県庁所在地名がちがうわ。

鳥取県
(鳥取市)

日本海に面した海岸線には砂丘が多く、鳥取砂丘は特に有名。中国山地に属する大山は中国地方で最も高い山。農業は稲作、野菜や果物の栽培、畜産が行われ、二十世紀梨は特産品の1つ。漁業も盛ん。

岡山県
(岡山市)

北部に中国山地が走り、南部は瀬戸内海に面する。温暖な気候を生かした農業が盛んで、果物の栽培、稲作、畜産が行われている。白桃やマスカットが特産品。瀬戸内海に面した地域では重化学工業が発達している。

島根県
(松江市)

北部は日本海に面し、その沖には隠岐諸島や竹島などの島じまがある。南部には中国山地が走る。農業は稲作のほか、野菜や果物の栽培、畜産が盛ん。漁業も盛んで、宍道湖のしじみ漁も有名。

広島県
(広島市)

瀬戸内海に面し、100以上の島じまをふくむ。漁業は沖合漁業が主で、かきの養殖が有名。県の大部分が中国山地の斜面にあたり、農業は野菜や果物の栽培が盛ん。自動車や造船などの工業も発達。

山口県
(山口市)

中国地方の西端に位置し、海峡を境に向かい合う九州地方の福岡県とは、トンネルや橋でつながる。稲作や果物の栽培、漁業が盛ん。瀬戸内海に面した地域では石油化学、鉄鋼業が発達している。

香川県
(高松市)

北部は瀬戸内海に面し、南部に讃岐山地が走る。気候は温暖で雨が少なく、平野部に多くつくられたため池の水を使って稲作などの農業を行う。瀬戸内海沿岸部で造船、石油、金属などの工業が盛ん。

徳島県
(徳島市)

讃岐山地と四国山地の間を流れる吉野川ぞいの平地で、稲作や野菜などの栽培が行われている。紀伊水道ではわかめやのりの養殖が盛んで、工業はせんいや木工業などの軽工業が中心。

愛媛県
(松山市)

瀬戸内海や豊後水道に面し、瀬戸内海沿岸部に開けた平野の南部に四国山地がある。温暖な気候を生かしたみかんの栽培や稲作が盛ん。漁業も盛んで、瀬戸内海沿岸部では重化学工業や造船などが発達している。

高知県
(高知市)

太平洋に面し、足摺岬や室戸岬などの大きな岬がつき出ている。ほとんどが山あいの土地で、海ぞいに広がる高知平野では稲の二期作が盛んだったが、今はビニルハウスなどを使った野菜などの栽培が中心。かつおやまぐろなどの遠洋漁業も有名。

参考資料：小学百科大事典きっズジャポニカ（小学館）、農林水産省統計、経済産業省ウェブサイト　※データは2017年のものです。

◆ 中国・四国地方の県 ◆

中国・四国地方にある県名と県庁所在地名を漢字で書けるようになりましょう。

	県名	県庁所在地名		県名	県庁所在地名
①	鳥取県	鳥取市	⑥	香川県	高松市
②	岡山県	岡山市	⑦	徳島県	徳島市
③	島根県	松江市	⑧	愛媛県	松山市
④	広島県	広島市	⑨	高知県	高知市
⑤	山口県	山口市			

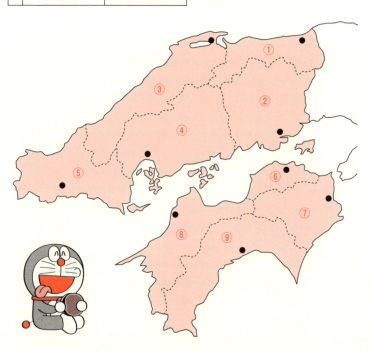

42

左ページをよくおぼえたら、ここに書こう！

中国・四国地方にある県名と県庁所在地名を漢字で書きましょう。

	県名	県庁所在地名		県名	県庁所在地名
①			⑥		
②			⑦		
③			⑧		
④			⑨		
⑤					

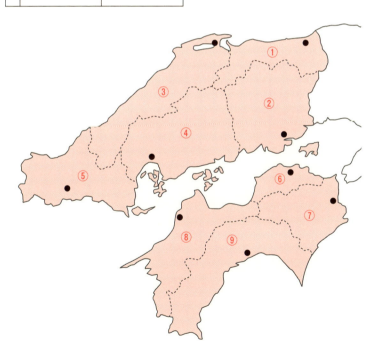

◆ 中国・四国地方の県の形 ◆

中国・四国地方の県の形です。下の県の形と①～⑨の県名をおぼえましょう。（縮尺は同じではありません。）

	県名
①	愛媛県
②	島根県
③	香川県
④	岡山県
⑤	徳島県
⑥	鳥取県
⑦	広島県
⑧	高知県
⑨	山口県

—— 海岸線
----- 県境

左ページをよくおぼえたら、ここに書こう！

県の形を見て、①〜⑨の県名を漢字で書きましょう。

	県名
①	
②	
③	
④	
⑤	
⑥	
⑦	
⑧	
⑨	

―― 海岸線
---- 県境

近畿地方の２府５県

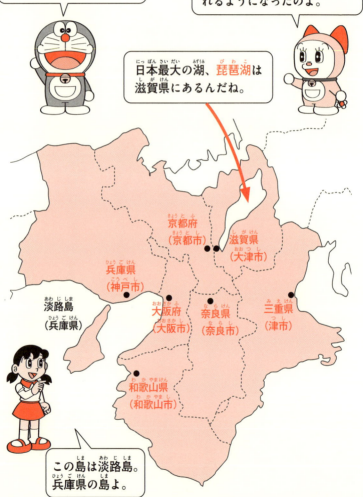

滋賀県
(大津市)

琵琶湖は日本最大の湖で、近畿地方の各府県に水を供給している。琵琶湖の周囲に近江盆地などが広がり、農業は稲作が中心で、野菜の栽培や畜産も盛ん。電気機器・機械工業も発達している。

大阪府(大阪市)

西日本の経済の中心地。生駒山地、金剛山地、和泉山脈などの山に囲まれ、大阪平野は大阪湾に面する。阪神工業地帯の中心として電気製品、鉄鋼、せんいなど、多様な工業が発達。郊外では野菜や果物などが栽培されている。

京都府
(京都市)

丹後半島から丹後山地、丹波高地へと、府の北部から中央部にかけて山地や高地が多く、稲作、野菜の栽培、畜産などが行われている。約150年前まで日本の都がおかれた京都市は京都盆地にあり、文化的な遺産が多く、国際的な観光都市である。

兵庫県(神戸市)

日本海沿岸部では漁業が発達。中国山地から峰山高原、播磨平野にかけて稲作、野菜の栽培、畜産が行われている。瀬戸内海沿岸部では重化学工業が発達。港では貿易も盛ん。淡路島をふくむ。

三重県(津市)

南北にかけて長くのびる県で、志摩半島をはさんで伊勢湾や熊野灘に面する。伊勢平野一帯では工業が盛んで、山がちな県南部では茶やみかんの栽培のほか、林業や漁業が発達。特産品に伊勢えびや真珠。

奈良県
(奈良市)

近畿地方の中央部にある内陸県。県の約90％が山地で、奈良盆地は県の北西部に広がる。農業は稲作のほか、野菜や茶の栽培が盛ん。山地では林業が盛んで、工業はせんい、木材のほか、電気機械製品の生産も多い。

和歌山県
(和歌山市)

紀伊半島の南西岸にあたり、紀伊水道や太平洋に面する。紀の川流域に和歌山平野が広がり、みかんや梅の栽培で有名。那智勝浦港ではまぐろ漁が盛ん。

参考資料：小学百科大事典きっずジャポニカ(小学館)、農林水産省統計、経済産業省ウェブサイト
※データは2017年のものです。

◆ 近畿地方の府県 ◆

近畿地方にある府県名と府県庁所在地名を漢字で書けるようになりましょう。

	府県名	府県庁所在地名		府県名	府県庁所在地名
①	滋賀県	大津市	⑤	兵庫県	神戸市
②	三重県	津市	⑥	大阪府	大阪市
③	京都府	京都市	⑦	和歌山県	和歌山市
④	奈良県	奈良市			

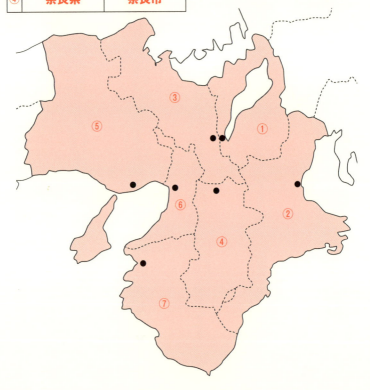

左ページをよくおぼえたら、ここに書こう!

近畿地方にある府県名と府県庁所在地名を漢字で書きましょう。

	府県名	府県庁所在地名		府県名	府県庁所在地名
①			⑤		
②			⑥		
③			⑦		
④					

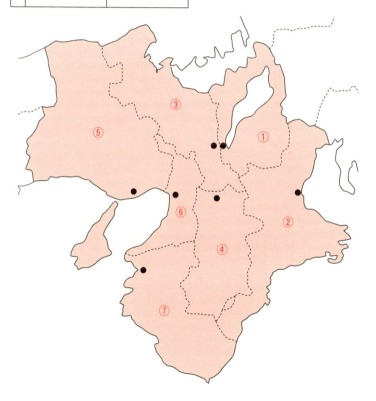

49

◆ 近畿地方の府県の形 ◆

近畿地方の府県の形です。下の府県の形と①～⑦の府県名をおぼえましょう。（縮尺は同じではありません。）

	府県名
①	和歌山県
②	大阪府
③	兵庫県
④	奈良県
⑤	三重県
⑥	滋賀県
⑦	京都府

―――― 海岸線
- - - - 県境

左ページをよくおぼえたら、ここに書こう！

府や県の形を見て、①〜⑦の府県名を漢字で書きましょう。

	府県名
①	
②	
③	
④	
⑤	
⑥	
⑦	

――― 海岸線
- - - 県境

51

◆ 西日本の府県 ◆

西日本の地図です。①〜㉔の府県名をおぼえましょう。

	府県名		府県名		府県名
①	滋賀県	⑪	広島県	⑱	佐賀県
②	三重県	⑫	山口県	⑲	長崎県
③	京都府	⑬	香川県	⑳	大分県
④	奈良県	⑭	徳島県	㉑	熊本県
⑤	兵庫県	⑮	愛媛県	㉒	宮崎県
⑥	大阪府	⑯	高知県	㉓	鹿児島県
⑦	和歌山県	⑰	福岡県	㉔	沖縄県
⑧	鳥取県				
⑨	岡山県				
⑩	島根県				

左ページをよくおぼえたら、ここに書こう！

府や県の形を見て、①〜㉔の府県名を漢字で書きましょう。

	府県名		府県名		府県名
①		⑪		⑱	
②		⑫		⑲	
③		⑬		⑳	
④		⑭		㉑	
⑤		⑮		㉒	
⑥		⑯		㉓	
⑦		⑰		㉔	
⑧					
⑨					
⑩					

53

中部地方の9県

中部地方は9つの県に分かれているよ。また、3つの地域に分けられているんだ。

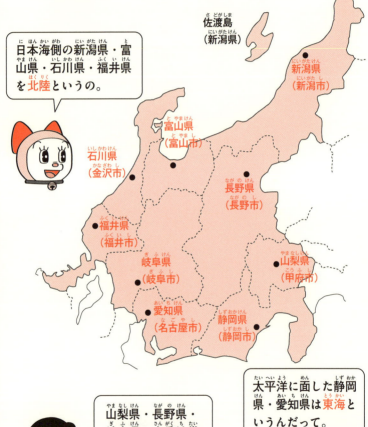

日本海側の新潟県・富山県・石川県・福井県を北陸というの。

山梨県・長野県・岐阜県の山岳地帯や高原地帯は中央高地というの。

太平洋に面した静岡県・愛知県は東海というんだって。

新潟県
(新潟市)

日本海に面し、佐渡島をふくむ。周囲を朝日山地、越後山脈、飛騨山脈などに囲まれる。信濃川流域は日本を代表する米どころで、コシヒカリの生産で有名。石油や天然ガスを産出したことから石油化学・金属工業が発達。

富山県
(富山市)

富山湾に面して富山平野が広がり、周囲を飛騨山脈、両白山地などが囲む。農業は稲作が中心で、チューリップの球根栽培で有名。漁業も盛んで、薬品や和紙などの伝統産業も知られている。

石川県
(金沢市)

日本海に面し、海に能登半島がつき出している。南西部の海岸ぞいに金沢平野などの平野が広がり、南東部は山地。せんい、機械、電子工業などが発達しているが、昔ながらの器や染物などの伝統工業も盛ん。

福井県
(福井市)

長野県
(長野市)

岐阜県
(岐阜市)

日本海に面して福井平野が広がり、東部には両白山地などがある。農業は稲作が中心。若狭湾ぞいの地域には漁港が多く、漁業が発達。昔ながらの器や和紙などの伝統工業も盛ん。

8つの県に囲まれた内陸県。日本アルプスと呼ばれる高い山やまが連なり、千曲川、天竜川、木曽川などの流域に盆地が開け、稲作のほか、野菜や果物の栽培が盛ん。電気や精密機器などの工業も発達している。

7つの県に囲まれた内陸県。北部には飛騨山脈などの山やまが連なり、南部に濃尾平野が広がる。農業では稲作や野菜の栽培が行われるほか、電気・自動車・せんい・陶磁器などの工業も盛んに行われている。

山梨県
(甲府市)

静岡県
(静岡市)

愛知県(名古屋市)

1都4県に囲まれた内陸県。県のほとんどが山地で、中央部に甲府盆地がある。稲作のほか、ぶどうやももなどの果物の栽培が有名で、県の特産品にもなっている。富士山は山梨県と静岡県をまたぐ。

富士山や赤石山脈などの山やまがそびえ、これらを源流とする富士川、大井川、天竜川などの河川が太平洋へと注いでいる。農業では茶やみかんの栽培、漁業ではかつおが知られている。気候は温暖。伊豆半島一帯は温泉地が多い。

中部地方の南西部に位置し、太平洋に面して東に渥美半島、西に知多半島がつき出し、木曽川や矢作川が太平洋に注ぐ。古くから西日本と東日本をむすぶ交通の重要地点として発達。工業が非常に盛んで、自動車をはじめとする重工業のほか、陶磁器・せんいなどの軽工業も行われている。

参考資料：小学百科大事典きっずジャポニカ(小学館)、農林水産省統計、経済産業省ウェブサイト ※データは2017年のものです。

◆ 中部地方の県 ◆

中部地方にある県名と県庁所在地名を漢字で書けるようになりましょう。

	県名	県庁所在地名		県名	県庁所在地名
①	新潟県	新潟市	⑥	岐阜県	岐阜市
②	長野県	長野市	⑦	愛知県	名古屋市
③	山梨県	甲府市	⑧	石川県	金沢市
④	静岡県	静岡市	⑨	福井県	福井市
⑤	富山県	富山市			

左ページをよくおぼえたら、ここに書こう!

中部地方にある県名と県庁所在地名を漢字で書きましょう。

	県名	県庁所在地名		県名	県庁所在地名
①			⑥		
②			⑦		
③			⑧		
④			⑨		
⑤					

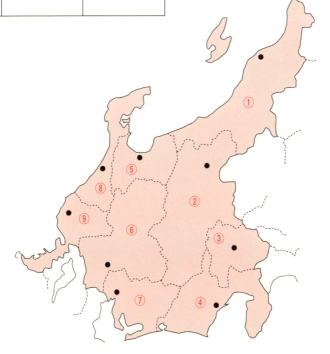

◆ 中部地方の県の形 ◆

中部地方の県の形です。下の県の形と①〜⑨の県名をおぼえましょう。（縮尺は同じではありません。）

	県名
①	山梨県
②	愛知県
③	長野県
④	静岡県
⑤	石川県
⑥	富山県
⑦	新潟県
⑧	岐阜県
⑨	福井県

—— 海岸線
----- 県境

58

左ページをよくおぼえたら、ここに書こう！

県の形を見て、①〜⑨の県名を漢字で書きましょう。

	県名
①	
②	
③	
④	
⑤	
⑥	
⑦	
⑧	
⑨	

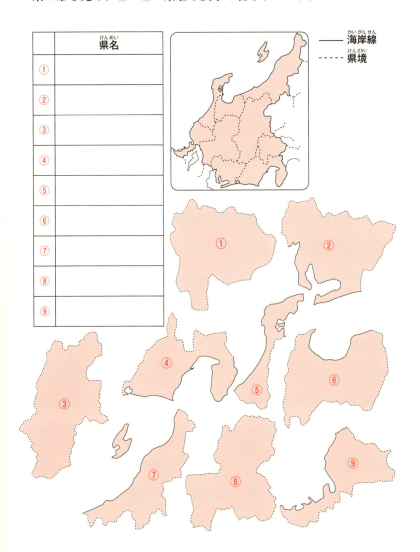

—— 海岸線
- - - 県境

59

関東地方の1都6県

関東地方は7つの都県に
分かれているよ。

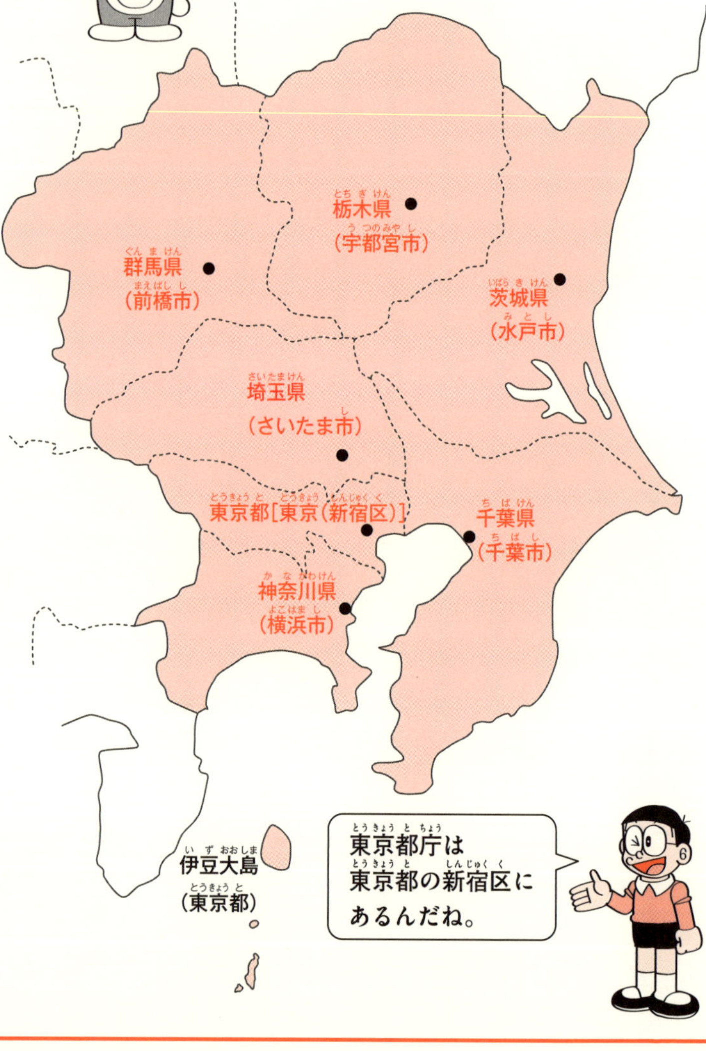

栃木県
(宇都宮市)

群馬県
(前橋市)

茨城県
(水戸市)

埼玉県
(さいたま市)

東京都[東京(新宿区)]

千葉県
(千葉市)

神奈川県
(横浜市)

伊豆大島
(東京都)

東京都庁は
東京都の新宿区に
あるんだね。

60

茨城県
(水戸市)

北部には八溝山地や阿武隈高地があり、中央部から南部・西部にかけて常陸台地が、南東部は霞ヶ浦や河川にそった低地が広がる。農業は稲作、野菜や果物の栽培、畜産などが行われ、太平洋に面した地域では重化学工業が発達。

栃木県
(宇都宮市)

4つの県に囲まれた内陸県。北西部に那須岳などの山やま、東部の中禅寺湖を囲むように日光白根山などの山やまがある。農業は稲作と野菜の栽培が主で、北部では酪農が盛ん。計画的に工場を立地させた工業団地が県内各地にあり、電気や輸送用機械などの工業が発達。

群馬県
(前橋市)

5つの県に囲まれた内陸県。2/3が標高500m以上の地域で、高原野菜の栽培が盛ん。南東部は関東平野の一部にあたり、栽培された野菜は主に都市部へ送られる(近郊農業)。古くから養蚕業が行われ、せんい工業が盛んだったが、現在は自動車・電気工業が発達。

千葉県
(千葉市)

房総半島の東は太平洋、西は東京湾に面する。農業は稲作のほか、野菜の栽培や畜産などが盛ん。東京湾の湾岸部には京葉工業地域が広がり、工業が発達。東部では漁業も盛ん。

埼玉県
(さいたま市)

1都5県に囲まれた内陸県。西部は関東山地、東部は関東平野で、野菜の栽培を中心とする近郊農業や稲作、畜産が行われ、ねぎや小松菜、ほうれん草の産出額が大きい。

東京都
[東京(新宿区)]

日本の首都であり、政治・経済・文化の中心地。日本の人口の10%以上がくらしている。東部は関東平野で、中央部に武蔵野台地などがあり、西に関東山地がある。関東地方南西部の離れた海上にある島じまをふくむ。

神奈川県
(横浜市)

東は東京湾、南は相模湾に面し、東部は多摩丘陵から三浦半島へと丘陵地帯が続く。西部には丹沢山地や箱根山がある。京浜工業地帯の中心地で、湾岸部では重化学工業などが発達し、工場は内陸部にも進出している。三浦半島を中心に漁業も盛ん。

参考資料：小学百科大事典きっずジャポニカ(小学館)、農林水産省統計、経済産業省ウェブサイト、総務省統計 ※データは2017年のものです。

◆ 関東地方の都県 ◆

関東地方にある都県名と都県庁所在地名をおぼえましょう。

	都県名	都県庁所在地名		都県名	都県庁所在地名
①	群馬県	前橋市	⑤	埼玉県	さいたま市
②	栃木県	宇都宮市	⑥	東京都	東京(新宿区)
③	茨城県	水戸市	⑦	神奈川県	横浜市
④	千葉県	千葉市			

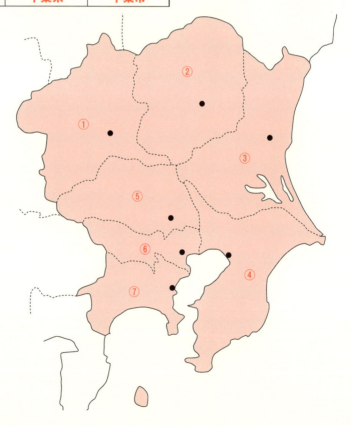

左ページをよくおぼえたら、ここに書こう!

関東地方にある都県名と都県庁所在地名を書きましょう。

	都県名	都県庁所在地名		都県名	都県庁所在地名
①			⑤		
②			⑥		
③			⑦		
④					

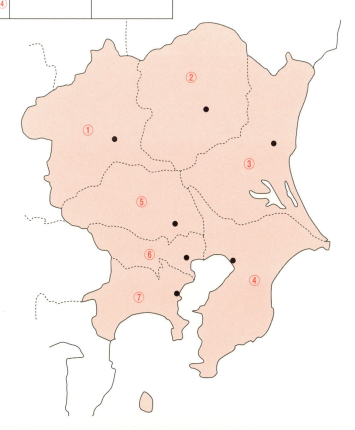

63

◆ 関東地方の都県の形 ◆

関東地方の都県の形です。下の都県の形と①〜⑦の都県名をおぼえましょう。（縮尺は同じではありません。）

	都県名
①	千葉県
②	茨城県
③	神奈川県
④	東京都
⑤	埼玉県
⑥	栃木県
⑦	群馬県

—— 海岸線
---- 県境

左ページをよくおぼえたら、ここに書こう！

都県の形を見て、①〜⑦の都県名を漢字で書きましょう。

	都県名
①	
②	
③	
④	
⑤	
⑥	
⑦	

―― 海岸線
---- 県境

65

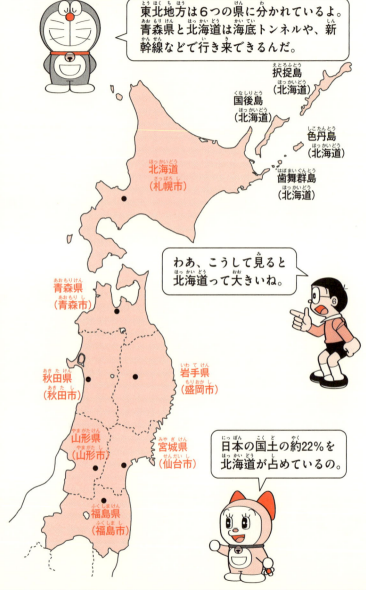

北海道(札幌市)

日本の最も北にある北海道本島と周囲の島じまからなる。日本の面積の約22%を占め、広大な土地を生かして稲作や畑作、酪農などが非常に盛ん。漁業や林業も発達。食品や木材関連の工業も行われている。

青森県(青森市)

本州の最も北にある県。海峡をはさんで北海道と向かい合い、下北半島は太平洋、津軽半島は日本海に面し、津軽平野はりんごの産地、太平洋側の八戸港はするめいかの水揚げで有名。8月のねぶた祭りは東北三大祭りの1つ。

岩手県(盛岡市)

県の中央部を流れる北上川ぞいに北上盆地が広がり、その東側に北上高地の山やま、西側に奥羽山脈の山やまが連なる。太平洋側の海岸はリアス式海岸といわれ、一帯で漁業が盛ん。稲作、畜産、高原野菜の栽培が盛んで、盆地～海岸部では工業も発達。

秋田県(秋田市)

日本海に面し、能代平野、秋田平野、本荘平野などが山地・山脈に囲まれる。男鹿半島のつけ根にあたる大潟村は、八郎潟という大きな湖だったが、干拓により大部分が陸地化された。農業は稲作が盛んで、林業も発達。

宮城県(仙台市)

西部を奥羽山脈が走り、東部は太平洋に面し、その沿岸に仙台平野が広がる。稲作が盛んで、野菜や果物の栽培も行われている。気仙沼や石巻など漁港も多く、漁業が発達。電気機器や食品関連の工業も盛ん。仙台市は東北地方の経済・文化の中心地。

山形県(山形市)

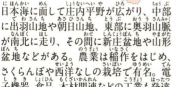

日本海に面して庄内平野が広がり、中部に出羽山地や朝日山地、東部に奥羽山脈が南北に走り、その間に新庄盆地や山形盆地などがある。農業は稲作をはじめ、さくらんぼや西洋なしの栽培で有名。電子機器、食品、木材関連などの工業も発達。

福島県(福島市)

太平洋に面した東部に阿武隈高地が南北を走り、県の中央に猪苗代湖がある。猪苗代湖より西の会津盆地を中心に稲作が盛んで、野菜、果物の栽培も行われる。また、電子部品や機械、化学工業なども発達している。

参考資料：小学百科大事典きっずジャポニカ(小学館)、農林水産省統計、経済産業省ウェブサイト
※データは2017年のものです。

◆ 東北・北海道地方の道県 ◆

東北・北海道地方にある道県名と道県庁所在地名を漢字で書けるようになりましょう。

	道県名	道県庁所在地名		道県名	道県庁所在地名
①	北海道	札幌市	⑤	山形県	山形市
②	青森県	青森市	⑥	宮城県	仙台市
③	秋田県	秋田市	⑦	福島県	福島市
④	岩手県	盛岡市			

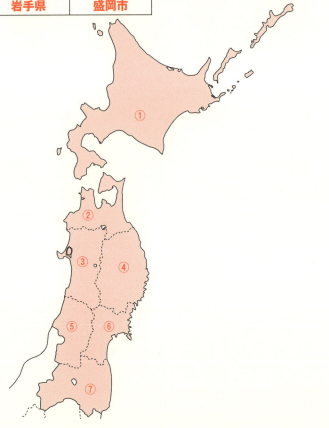

68

左ページをよくおぼえたら、ここに書こう！

東北・北海道地方にある道県名と道県庁所在地名を書きましょう。

	道県名	道県庁所在地名		道県名	道県庁所在地名
①			⑤		
②			⑥		
③			⑦		
④					

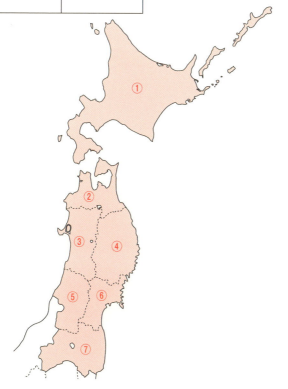

◆ 東北・北海道地方の道県の形 ◆

東北・北海道地方の道県の形です。下の道県の形と①〜⑦の道県名をおぼえましょう。（縮尺は同じではありません。）

	道県名
①	岩手県
②	宮城県
③	秋田県
④	青森県
⑤	北海道
⑥	福島県
⑦	山形県

―― 海岸線
---- 県境

左ページをよくおぼえたら、ここに書こう！

道県の形を見て、①〜⑦の道県名を漢字で書きましょう。

	道県名
①	
②	
③	
④	
⑤	
⑥	
⑦	

―― 海岸線
---- 県境

◆ 東日本の都道県 ◆

東日本の地図です。①〜㉓の都道県名をおぼえましょう。

	都道県名		都道県名		都道県名
①	北海道	⑯	長野県	⑳	岐阜県
②	青森県	⑰	山梨県	㉑	愛知県
③	秋田県	⑱	静岡県	㉒	石川県
④	岩手県	⑲	富山県	㉓	福井県
⑤	山形県				
⑥	宮城県				
⑦	福島県				
⑧	群馬県				
⑨	栃木県				
⑩	茨城県				
⑪	千葉県				
⑫	埼玉県				
⑬	東京都				
⑭	神奈川県				
⑮	新潟県				

左ページをよくおぼえたら、ここに書こう！

都や道や県の形を見て、①〜㉓の都道府県名を漢字で書きましょう。

	都道府県名		都道府県名		都道府県名
①		⑯		⑳	
②		⑰		㉑	
③		⑱		㉒	
④		⑲		㉓	
⑤					
⑥					
⑦					
⑧					
⑨					
⑩					
⑪					
⑫					
⑬					
⑭					
⑮					

◆ 県庁所在地名と県名がちがう県 ◆

県庁所在地名と県名がちがう県をおぼえましょう。

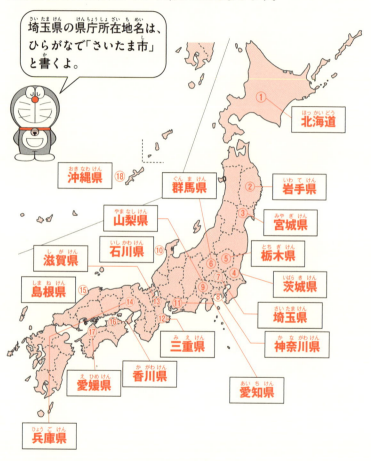

左ページをよくおぼえたら、ここに書こう！

県庁所在地名と県名がちがう県を漢字で書きましょう。

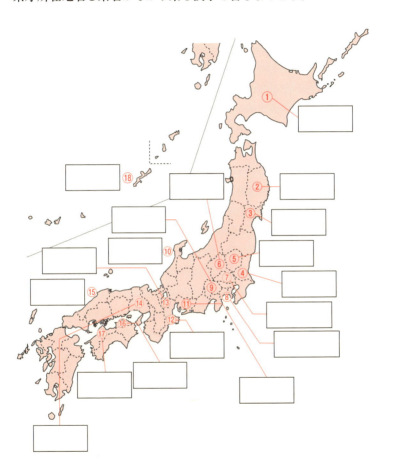

◆ 県名と名前がちがう県庁所在地名 ◆

県名と名前がちがう県庁所在地名をおぼえましょう。

	都市名		都市名
①	札幌市	⑩	金沢市
②	盛岡市	⑪	名古屋市
③	仙台市	⑫	津市
④	水戸市	⑬	大津市
⑤	宇都宮市	⑭	神戸市
⑥	前橋市	⑮	松江市
⑦	さいたま市	⑯	高松市
⑧	横浜市	⑰	松山市
⑨	甲府市	⑱	那覇市

北海道地方
東北地方
中部地方
中国地方
関東地方
近畿地方
四国地方
九州地方

左ページをよくおぼえたら、ここに書こう！

県名と名前がちがう県庁所在地名を漢字で書きましょう。

	都市名		都市名
①		⑩	
②		⑪	
③		⑫	
④		⑬	
⑤		⑭	
⑥		⑮	
⑦		⑯	
⑧		⑰	
⑨		⑱	

北海道地方

東北地方

中部地方

中国地方

関東地方

近畿地方

四国地方

九州地方

77

◆ 人口の多い都市 ◆

人口の多い都市と、日本地図での位置です。

①	横浜市(神奈川県)	⑪	仙台市(宮城県)
②	大阪市(大阪府)	⑫	北九州市(福岡県)
③	名古屋市(愛知県)	⑬	千葉市(千葉県)
④	札幌市(北海道)		
⑤	神戸市(兵庫県)		
⑥	京都市(京都府)		
⑦	福岡市(福岡県)		
⑧	川崎市(神奈川県)		
⑨	さいたま市(埼玉県)		
⑩	広島市(広島県)		

※2017年10月の政令指定都市の推計人口上位13位までを掲載

左ページをよくおぼえたら、ここに書こう！

人口の多い都市名を漢字で書きましょう。

①		⑪	
②		⑫	
③		⑬	
④			
⑤			
⑥			
⑦			
⑧			
⑨			
⑩			

東京23区

◆ 全都道府県 ◆

1都1道2府43県の名前と位置です。

①	北海道	⑱	静岡県	㉝	島根県	㊷	長崎県
②	青森県	⑲	富山県	㉞	広島県	㊸	大分県
③	秋田県	⑳	岐阜県	㉟	山口県	㊹	熊本県
④	岩手県	㉑	愛知県	㊱	香川県	㊺	宮崎県
⑤	山形県	㉒	石川県	㊲	徳島県	㊻	鹿児島県
⑥	宮城県	㉓	福井県	㊳	愛媛県	㊼	沖縄県
⑦	福島県	㉔	滋賀県	㊴	高知県		
⑧	群馬県	㉕	三重県	㊵	福岡県		
⑨	栃木県	㉖	京都府	㊶	佐賀県		
⑩	茨城県	㉗	奈良県				
⑪	千葉県	㉘	兵庫県				
⑫	埼玉県	㉙	大阪府				
⑬	東京都	㉚	和歌山県				
⑭	神奈川県	㉛	鳥取県				
⑮	新潟県	㉜	岡山県				
⑯	長野県						
⑰	山梨県						

北海道地方

東北地方

中部地方

関東地方

中国地方

近畿地方

四国地方

九州地方

80

左ページをよくおぼえたら、ここに書こう！

1都1道2府43県の名前を漢字で書きましょう。

①	⑱	㉝	㊷
②	⑲	㉞	㊸
③	⑳	㉟	㊹
④	㉑	㊱	㊺
⑤	㉒	㊲	㊻
⑥	㉓	㊳	㊼
⑦	㉔	㊴	
⑧	㉕	㊵	
⑨	㉖	㊶	
⑩	㉗		
⑪	㉘		
⑫	㉙		
⑬	㉚		
⑭	㉛		
⑮	㉜		
⑯			
⑰			

81

◆ 日本の全都道府県の形1 ◆

日本の全都道府県の形がばらばらになっています。①〜㉔の地図の都道府県の名前をおぼえましょう。（縮尺は同じではありません。）

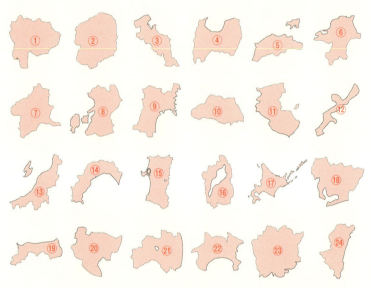

	都道府県名		都道府県名		都道府県名
①	山梨県	⑨	宮城県	⑰	北海道
②	栃木県	⑩	埼玉県	⑱	愛知県
③	京都府	⑪	和歌山県	⑲	鳥取県
④	富山県	⑫	沖縄県	⑳	佐賀県
⑤	香川県	⑬	新潟県	㉑	福島県
⑥	福岡県	⑭	高知県	㉒	神奈川県
⑦	群馬県	⑮	秋田県	㉓	岡山県
⑧	熊本県	⑯	滋賀県	㉔	宮崎県

左ページをよくおぼえたら、ここに書こう！

日本の全都道府県の形がばらばらになっています。①〜㉔の地図の都道府県の名前を漢字で書きましょう。（縮尺は同じではありません。）

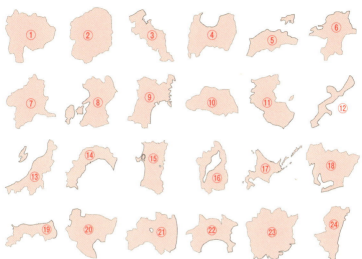

	都道府県名		都道府県名		都道府県名
①		⑨		⑰	
②		⑩		⑱	
③		⑪		⑲	
④		⑫		⑳	
⑤		⑬		㉑	
⑥		⑭		㉒	
⑦		⑮		㉓	
⑧		⑯		㉔	

◆ 日本の全都道府県の形2 ◆

日本の全都道府県の形がばらばらになっています。①〜㉓の地図の都道府県の名前をおぼえましょう。（縮尺は同じではありません。）

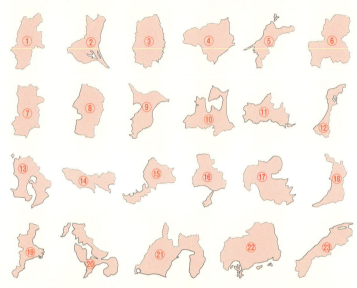

	都道府県名		都道府県名		都道府県名
①	長野県	⑨	千葉県	⑰	大分県
②	茨城県	⑩	青森県	⑱	大阪府
③	岩手県	⑪	山口県	⑲	三重県
④	徳島県	⑫	石川県	⑳	長崎県
⑤	愛媛県	⑬	鹿児島県	㉑	静岡県
⑥	岐阜県	⑭	東京都	㉒	広島県
⑦	奈良県	⑮	福井県	㉓	島根県
⑧	山形県	⑯	兵庫県		

左ページをよくおぼえたら、ここに書こう！

日本の全都道府県の形がばらばらになっています。①〜㉓の地図の都道府県の名前を漢字で書きましょう。(縮尺は同じではありません。)

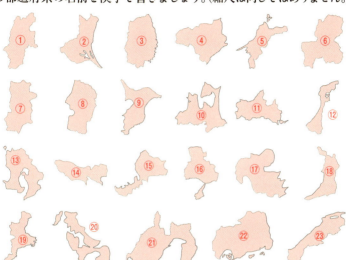

	都道府県名		都道府県名		都道府県名
①		⑨		⑰	
②		⑩		⑱	
③		⑪		⑲	
④		⑫		⑳	
⑤		⑬		㉑	
⑥		⑭		㉒	
⑦		⑮		㉓	
⑧		⑯			

85

日本の地形をおぼえよう！

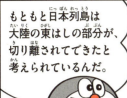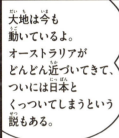

日本の半島・湾・島

◆日本の半島・湾

海につき出ている陸地を半島という。
反対に、陸地に入りこんだ海を湾というよ。
関東地方南部の白地図で、半島と湾を見てみよう。

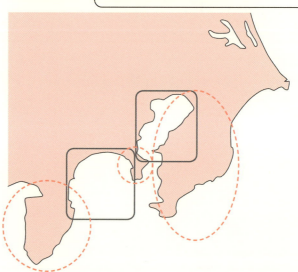

赤い点線で囲んだ陸地は、海につき出ているから半島だね。

はい色の線で囲んだ海は、陸地に入りこんでいるから湾だわ。

◆日本の島

島はわかるよね。周囲を海で囲まれた、陸地のことだ。

本州や北海道も島なの?

そうよ。世界には大陸と呼ばれる大きな陸地が6つあって、それ以外の陸地は島と呼ぶのよ。

順位	名前	都道府県	広さ	おぼえておこう!
1位	択捉島	北海道	3186km^2	日本の最も北にある島。
2位	国後島	北海道	1490km^2	択捉島の南西にある。
3位	沖縄島	沖縄県	1204km^2	沖縄県の県庁所在地・那覇市がある。
4位	佐渡島	新潟県	854km^2	日本海で最大の島。
5位	奄美大島	鹿児島県	712km^2	東京都の23区と同じくらいの広さ。
6位	対馬	長崎県	696km^2	島が多い長崎県で最大の島。
7位	淡路島	兵庫県	592km^2	瀬戸内海で最大の島。
8位	天草下島	熊本県	574km^2	天草上島などと合わせ天草諸島という。
9位	屋久島	鹿児島県	505km^2	世界遺産に指定されている。
10位	種子島	鹿児島県	445km^2	鉄砲が伝わった島として有名だよ。

※1km^{2}未満は四捨五入しています。

本州や北海道・九州・四国をのぞいた、日本の大きな島のベストテンだ!

参考資料:小学百科大事典きっずジャポニカ(小学館)

◆ 主な半島 ◆

主な半島の位置をおぼえ、名前を漢字で書けるようになりましょう。

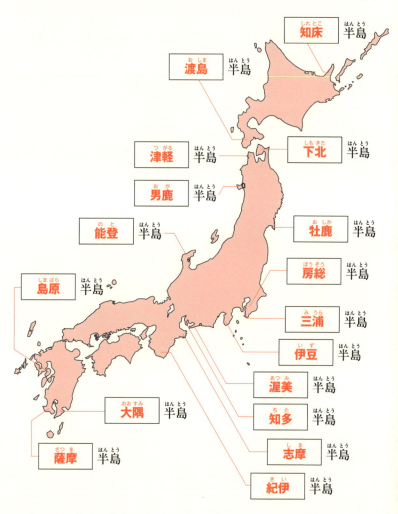

左ページをよくおぼえたら、ここに書こう!

主な半島の名前を漢字で書きましょう。

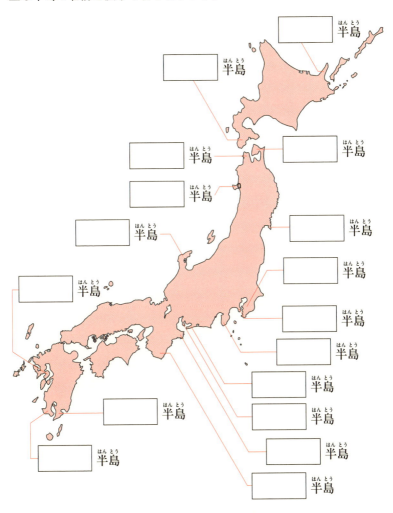

◆ 主な湾 ◆

主な湾の位置をおぼえ、名前を漢字で書けるようになりましょう。

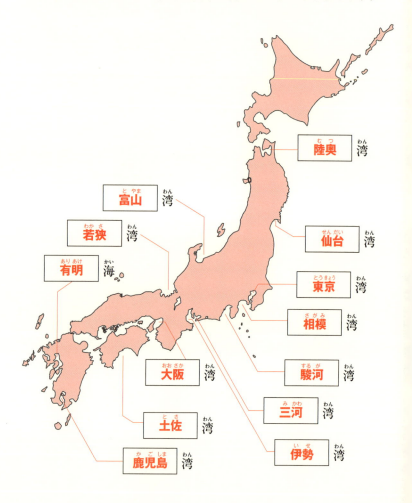

左ページをよくおぼえたら、ここに書こう！

主な湾の名前を漢字で書きましょう。

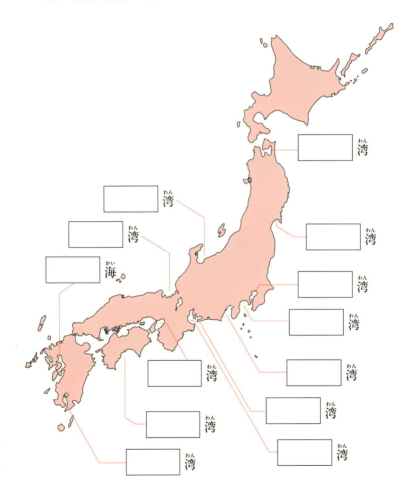

◆ 主な島 ◆

主な島の位置をおぼえ、名前を漢字で書けるようになりましょう。

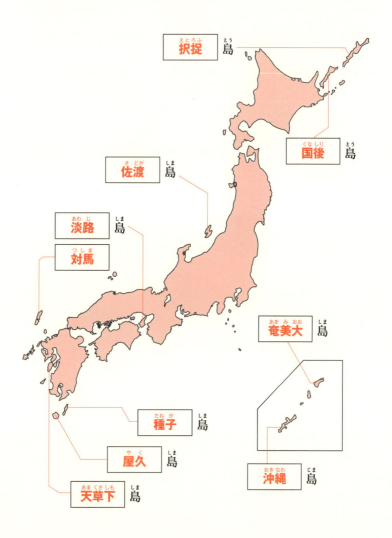

左ページをよくおぼえたら、ここに書こう！

主な島の名前を漢字で書きましょう。

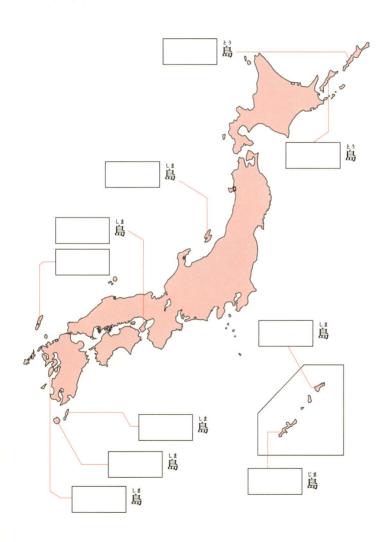

日本の山・湖

◆日本の山

日本は平地と山地の割合がおよそ3：7の、山がちの国なんだ。山が連なったところは山脈・山地・高地などと呼ぶよ。

山脈と山地と高地は、何がちがうの？

高い山の頂上が、一定方向に長く連なるのが山脈。山が広いはんいでつながっているのが山地。高地は山脈や山地より、低い山が集まったところ。そんな感じかな。

白神山地
奥羽山脈
出羽山地
北上高地

日本の高い山ベスト100のほとんどが、中部地方の飛騨山脈・赤石山脈・木曽山脈に集まっているんだ。

この3つの山脈を合わせて、日本アルプスと呼んでいるわ。

飛騨山脈
赤石山脈
木曽山脈
△富士山

96

火山が多いことも、日本の山の特ちょうだよ。みんなが知っている富士山は、日本で最も高い山で、日本最大の活火山でもあるんだ。

ひえええ。噴火しないでほしいな。

約300年前に大噴火をおこしたことが記録されていて、最近もガスや蒸気が確認されているわ。

◆日本の湖

順位	名前	都道府県	広さ	おぼえておこう！
1位	琵琶湖	滋賀県	670km²	滋賀県の面積の約1/6を占める。
2位	霞ヶ浦	茨城県・千葉県	168km²	周囲の長さでは日本一の湖。
3位	サロマ湖	北海道	152km²	ほたて貝やかきの養殖が盛ん。
4位	猪苗代湖	福島県	103km²	白鳥の飛来地として有名。
5位	中海	島根県・鳥取県	86km²	がん・かもの飛来地として有名。
6位	屈斜路湖	北海道	80km²	日本最大のカルデラ湖。
7位	宍道湖	島根県	79km²	漁獲量の約90%をしじみが占める。
8位	支笏湖	北海道	78km²	深さ日本2位のカルデラ湖。
9位	洞爺湖	北海道	71km²	周辺には有珠山・昭和新山がある。
10位	浜名湖	静岡県	65km²	うなぎの養殖で有名。

※1km²未満は四捨五入しています。

日本の大きな湖のベストテンだよ！

参考資料：小学百科大事典きっずジャポニカ(小学館)

◆ 主な山地・山脈・高地 ◆

主な山地・山脈・高地の位置をおぼえ、名前を漢字で書けるようになりましょう。

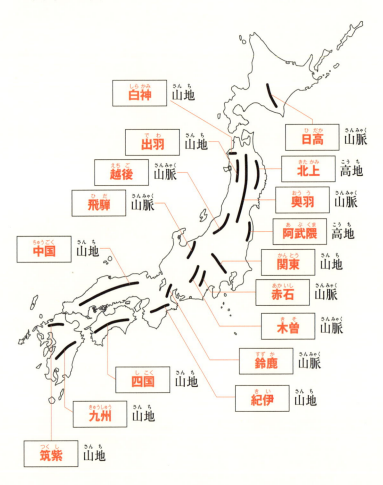

左ページをよくおぼえたら、ここに書こう!

主な山地・山脈・高地の名前を漢字で書きましょう。

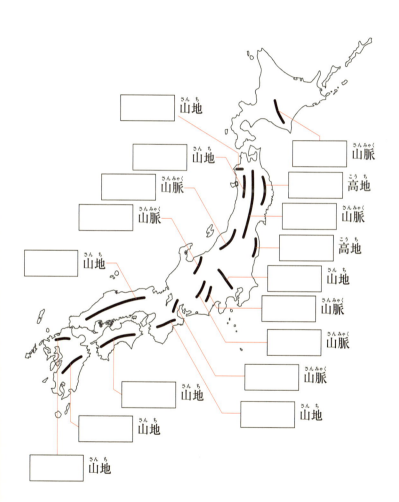

◆ 主な火山 ◆

主な火山の位置をおぼえ、名前を漢字で書けるようになりましょう。

左ページをよくおぼえたら、ここに書こう!

主な火山の名前を漢字で書きましょう。

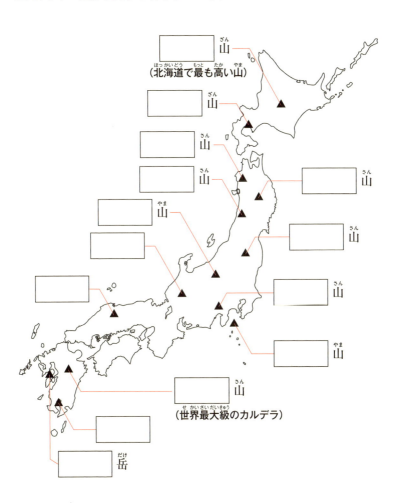

◆ 主な湖 ◆

主な湖の位置をおぼえ、名前を漢字で書けるようになりましょう。

左ページをよくおぼえたら、ここに書こう！

主な湖の名前を漢字で書きましょう。

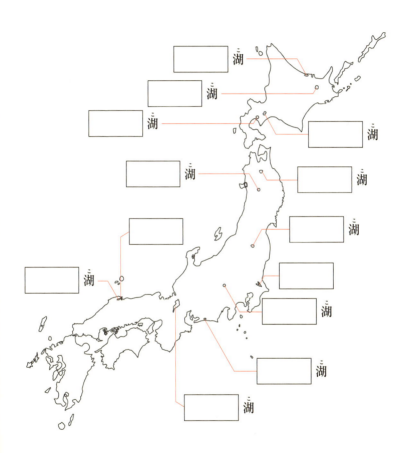

日本の川・平野

◆日本の川

日本の川は世界の川とくらべて、長さが短く、流れが急なことが特ちょうだよ。

<日本の長い川ベスト3>

順位	名前	都道府県	長さ
1位	信濃川	長野県・新潟県	367km
2位	利根川	栃木県・茨城県ほか	322km
3位	石狩川	北海道	268km

長さが短い？信濃川なんて367kmもあるよ。

世界には1000kmをこえる川がたくさんあるんだ。世界一といわれるアフリカのナイル川なんて、長さ6650kmもあるんだ。

じゃあ、流れが急な理由は？

日本の川の多くは山を源流として、海までの距離が短いから、かたむきが急になるの。大雨が降ると水かさがいっきに増すから、こう水になりやすいのよ。

富山県にある常願寺川(56km)も、流れが急で有名だよ。

<日本三大急流>

名前	都道府県	長さ
富士川	山梨県・長野県・静岡県	128km
最上川	山形県	229km
球磨川	熊本県	115km

◆日本の平野

そして平野。平野は主に川ぞいや、河口に広がっているよ。

わあ、ダントツで関東平野が広いんだね。

＜日本の広い平野ベスト５＞

順位	名前	都道府県	広さ
1位	関東平野	関東地方1都6県	約17000km^2
2位	石狩平野	北海道	約4000km^2
3位	十勝平野	北海道	約3600km^2
4位	越後平野	新潟県	約2000km^2
5位	濃尾平野	岐阜県・愛知県	約1800km^2

盆地や台地と呼ばれる平地もあるよ。
盆地とはまわりを山で囲まれている平地。
台地は表面がたいらで、まわりより高いところにある平地だよ。

参考資料：小学百科大事典きっずジャポニカ（小学館）

◆ 主な川 ◆

主な川の位置をおぼえ、名前を漢字で書けるようになりましょう。

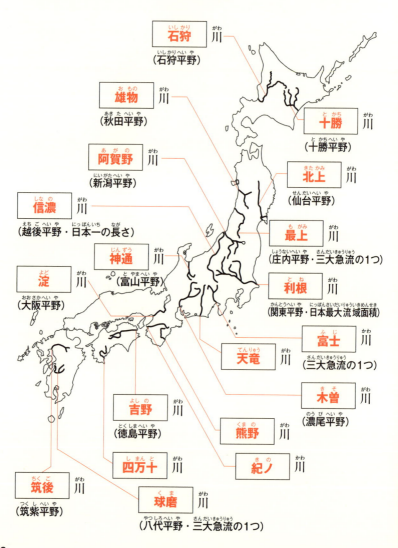

左ページをよくおぼえたら、ここに書こう!

主な川の名前を漢字で書きましょう。

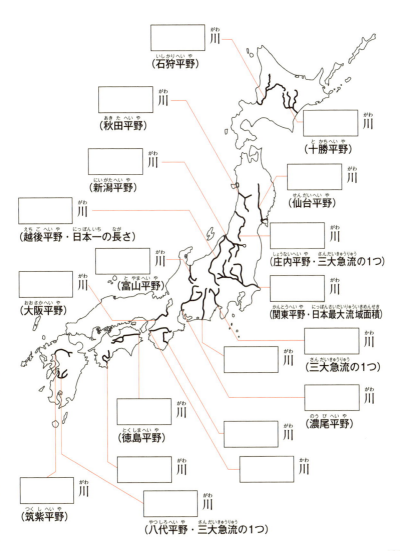

◆ 主な平野 ◆

主な平野の位置をおぼえ、名前を漢字で書けるようになりましょう。

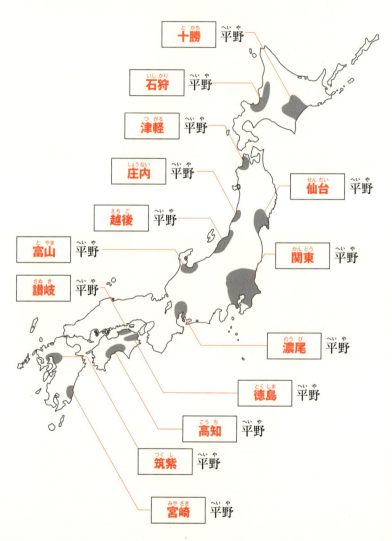

左ページをよくおぼえたら、ここに書こう！

主な平野の名前を漢字で書きましょう。

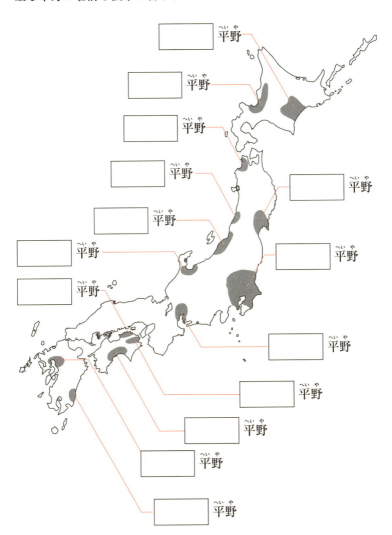

主な盆地・台地

主な盆地・台地の位置をおぼえ、名前を漢字で書けるようになりましょう。

左ページをよくおぼえたら、ここに書こう！

主な盆地・台地の名前を漢字で書きましょう。

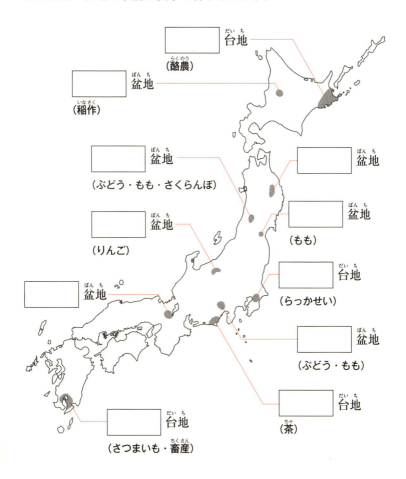

日本の海流・気候

◆日本の海流

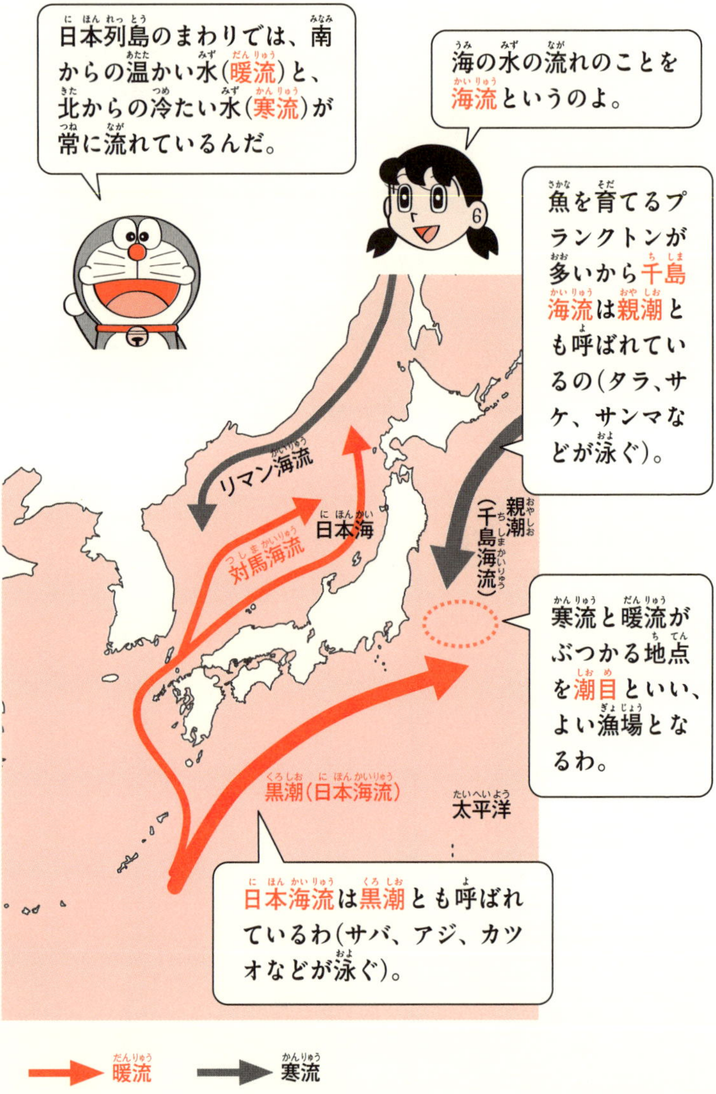

日本列島のまわりでは、南からの温かい水（暖流）と、北からの冷たい水（寒流）が常に流れているんだ。

海の水の流れのことを海流というのよ。

魚を育てるプランクトンが多いから千島海流は親潮とも呼ばれているの（タラ、サケ、サンマなどが泳ぐ）。

リマン海流

日本海

対馬海流

親潮（千島海流）

寒流と暖流がぶつかる地点を潮目といい、よい漁場となるわ。

黒潮（日本海流）

太平洋

日本海流は黒潮とも呼ばれているわ（サバ、アジ、カツオなどが泳ぐ）。

→ 暖流　　→ 寒流

112

◆日本の気候

日本の大部分は温帯という暖かな気候よ。でも、1年を通して気温が低い北海道は冷帯、1年を通して暖かな沖縄は亜熱帯の気候よ。

そして、日本の気候は大きく6つに分けられるんだ。

北海道の気候
年中気温は低めで、梅雨がないので降水量は多くない。

日本海側の気候
北西の季節風が原因で、冬に降水量が増える。

※東北地方では同じ緯度だと、太平洋側の方が気温が低い。

瀬戸内の気候
1年を通して暖かで、降水量が少ない。

中央高地の気候
夏と冬の気温差が大きく、降水量は多くない。

太平洋側の気候
南東の季節風が原因で、夏の降水量が多い。

南西諸島の気候
1年を通して気温が高く、降水量も多い。

参考資料：小学百科大事典きっずジャポニカ(小学館)

◆ 日本の海流 ◆

主な日本の海流をおぼえ、名前を漢字で書けるようになりましょう。

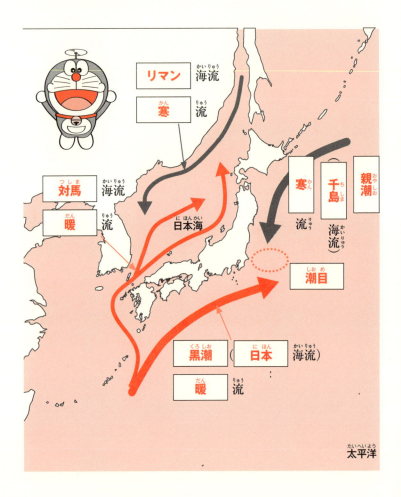

左ページをよくおぼえたら、ここに書こう!

主な日本の海流の名前を漢字で書きましょう。

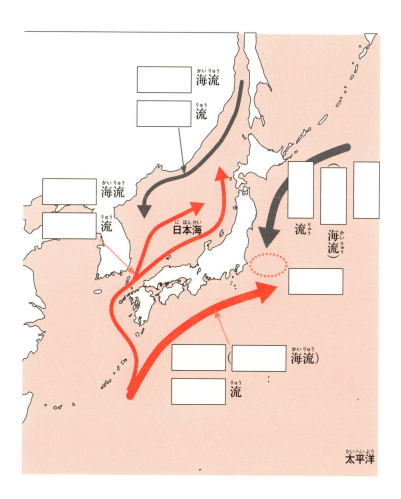

◆ 日本の気候 ◆

次の気候区分図を参考にして、下の雨温図の都市の名前をおぼえましょう。

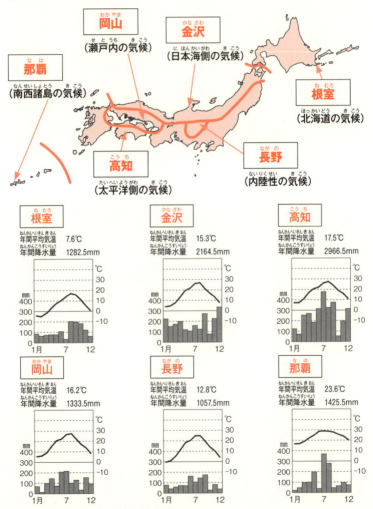

資料：2015年の年間平均気温と年間降水量（気象庁ホームページ）

左ページをよくおぼえたら、ここに書こう!

主な日本の気候の名前を漢字で書きましょう。

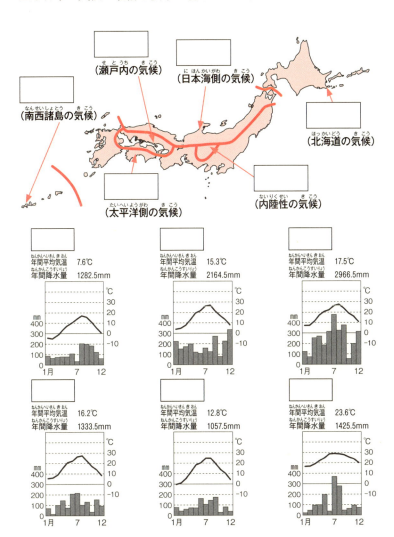

世界の形をおぼえよう！

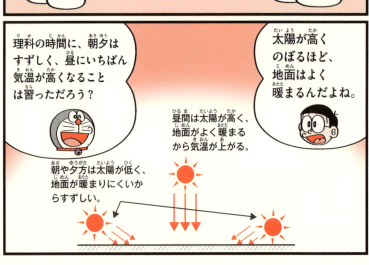

118

世界のすがた

丸い地球をたいらに表したのが世界地図だ。世界には196の国(※)があるよ。

日本ってこんなに小さいの!

(※)2018年3月時点で日本が承認している国の数

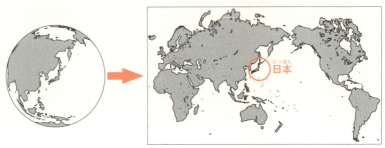

日本の面積は世界の陸地の約1/400なの。

そこに約1億2700万人(※)も、くらしているんだね。

(※)2018年2月時点の人口推計

世界は6つの大陸と、3つの海に大きく分けられるんだ!

ユーラシア大陸
北アメリカ大陸
太平洋
大西洋
アフリカ大陸
インド洋
南アメリカ大陸
オーストラリア大陸
南極大陸

120

広さと人口のベスト5を国別に見てみよう。
みんなが知っている国はあるかな?

<広い国ベスト5>

順位	国名	大陸	広さ
1位	ロシア連邦	ユーラシア大陸	1,710万km²
2位	カナダ	北アメリカ大陸	998万km²
3位	アメリカ合衆国	北アメリカ大陸	983万km²
4位	中華人民共和国(中国)	ユーラシア大陸	960万km²
5位	ブラジル	南アメリカ大陸	851万km²

出典:外務省HP(2014年統計)・1万km²未満四捨五入

<人口が多い国ベスト5>

順位	国名	大陸	人口
1位	中華人民共和国(中国)	ユーラシア大陸	13億7122万人
2位	インド	ユーラシア大陸	13億1105万人
3位	アメリカ合衆国	北アメリカ大陸	3億2142万人
4位	インドネシア	ユーラシア大陸の南東の島国	2億5756万人
5位	ブラジル	南アメリカ大陸	2億785万人

出典:外務省HP(2015年統計)・1万人未満四捨五入

さあ、次のページから
世界をもっと知ろう!

参考資料:小学百科大事典きっずジャポニカ(小学館)

◆ 地球儀 ◆

地球儀に書いてある線や極の名前をおぼえましょう。また、北半球・南半球の地図にある大陸の名前もおぼえましょう。

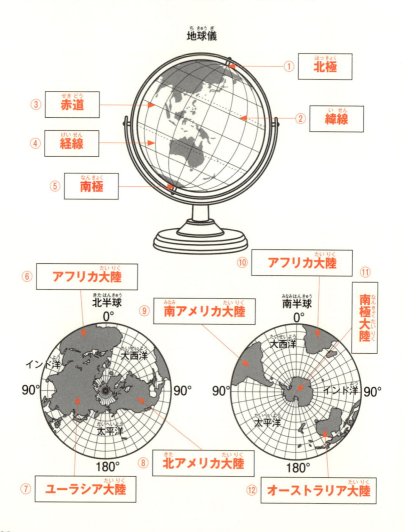

左ページをよくおぼえたら、ここに書こう!

地球儀に書いてある線や極の名前を書きましょう。また、北半球・南半球の地図にある大陸の名前も書きましょう。

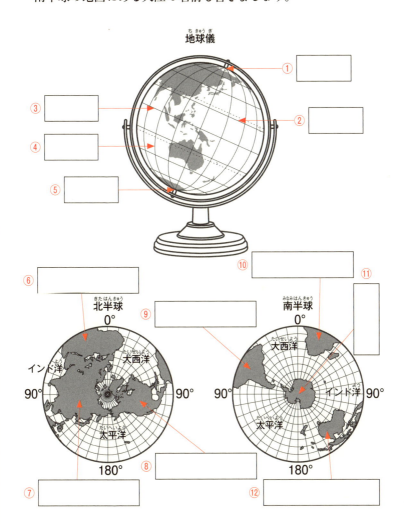

◆ 世界の大陸・大洋 ◆

世界の大陸・大洋の名前をおぼえましょう。

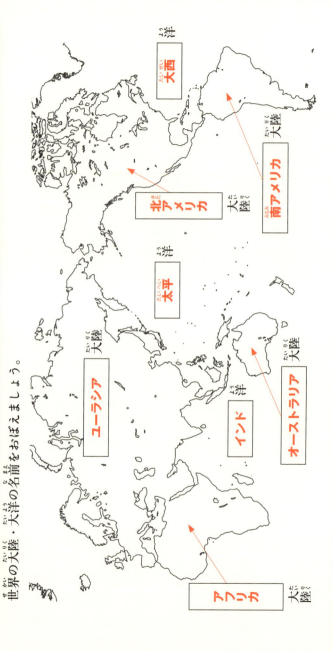

世界の大陸・大洋の名前を書きましょう。

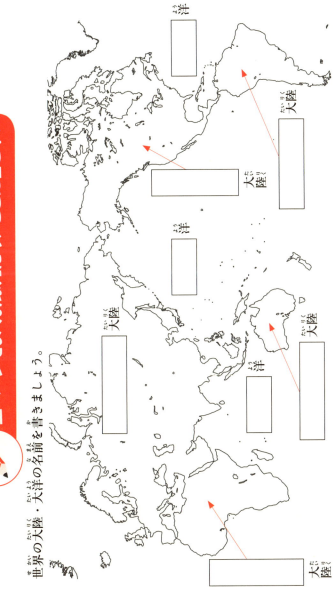

◆ **世界の州** ◆

世界の6つの州の名前をおぼえましょう。

上ページをよくおぼえたら、ここに書こう！

世界の6つの州の名前を書きましょう。

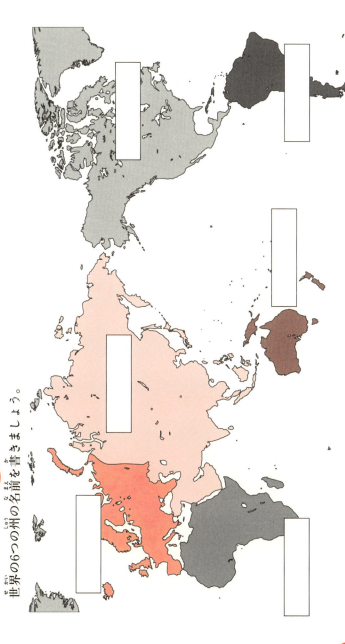

◆ 世界の主な地形 ◆

世界の山脈や川の名前をおぼえましょう。

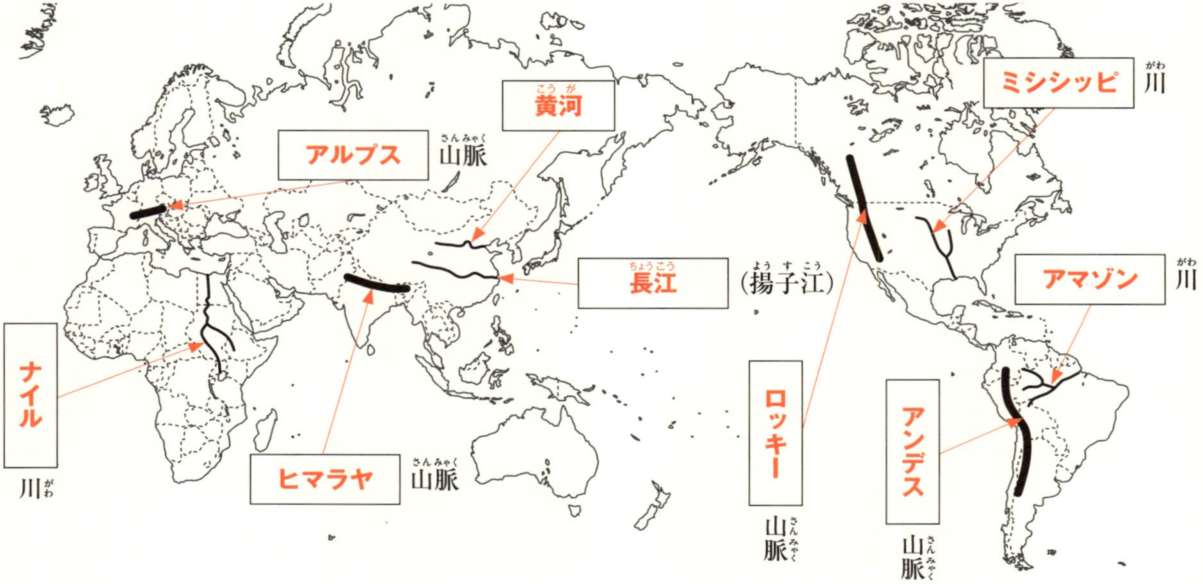

ミシシッピ川

アマゾン川

アンデス山脈

ロッキー山脈

長江（揚子江）

黄河

アルプス山脈

ヒマラヤ山脈

ナイル川

128

上のページをよくおぼえたら、ここに書こう！

世界の山脈や川の名前を書きましょう。

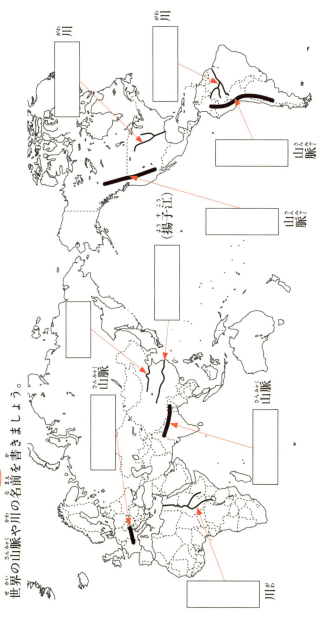

◆ アジア ◆

ユーラシア大陸中央〜東部の地域をアジアといいます。アジアの主な国の名前をおぼえましょう。

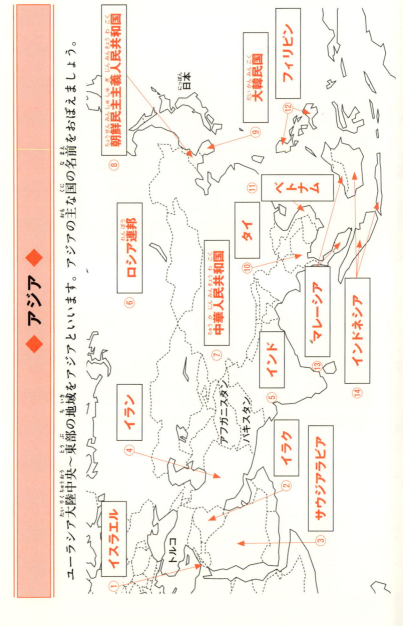

上のページをよくおぼえたら、ここに書こう！

アジアの主な国の名前を書きましょう。

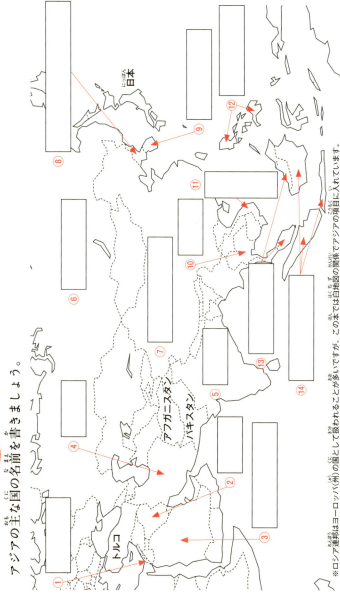

※ロシア連邦はヨーロッパ（州）の国として扱われることが多いですが、この本では白地図の関係でアジアの項目に入れています。

131

◆ ヨーロッパ ◆

ユーラシア大陸西部の地域をヨーロッパといいます。
ヨーロッパの主な国の名前をおぼえましょう。

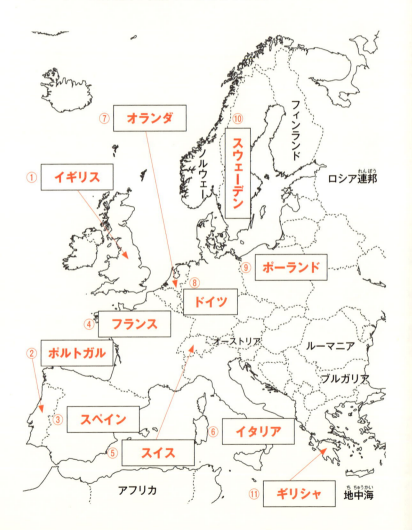

左ページをよくおぼえたら、ここに書こう!

ヨーロッパの主な国の名前を書きましょう。

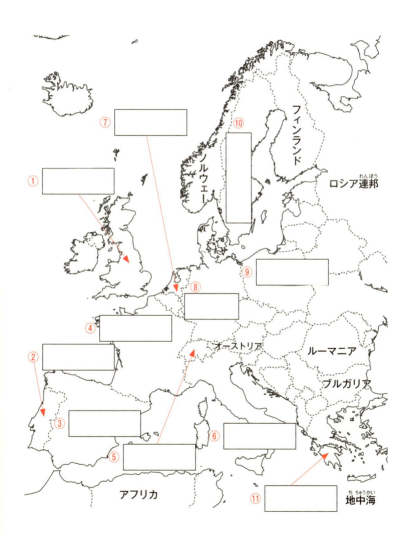

◆ アフリカ・オセアニア ◆

アフリカ・オセアニアの主な国の名前をおぼえましょう。オセアニアはオーストラリア大陸とまわりの島じまからなる地域です。

上ページをよくおぼえたら、ここに書こう!

アフリカ・オセアニアの主な国の名前を書きましょう。

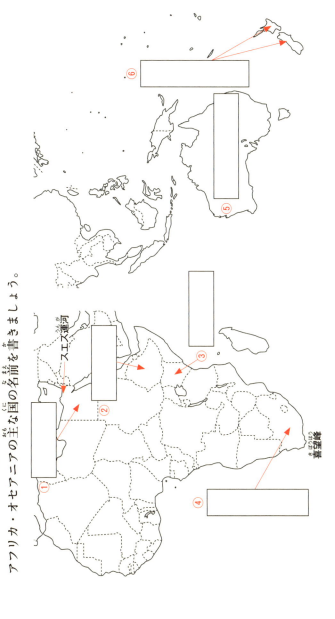

◆ 北アメリカ・南アメリカ ◆

北アメリカと南アメリカの主な国の名前をおぼえましょう。

左ページをよくおぼえたら、ここに書こう!

北アメリカと南アメリカの主な国の名前を書きましょう。

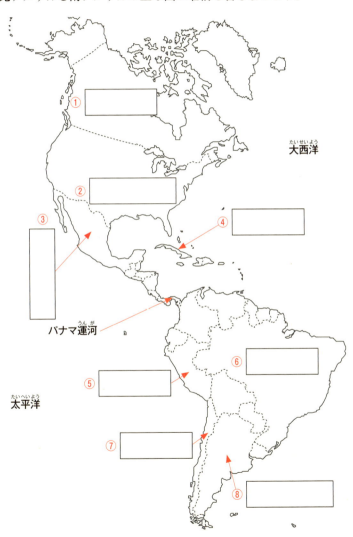

137

日本の貿易

国と国がものを売り買いすることを貿易というんだ。
外国から買うことを輸入、外国に売ることを輸出というよ。

◆輸入

日本はどうしてわざわざ外国からものを買うの？

原油やガスなどのエネルギー資源が少ないから、外国から買うんだよ。エネルギー資源がないと、ものや電気を必要なだけつくることができないからね。

原油
約2億kL

液化天然ガス
約8850万t

石炭
約1億8800万t

日本はエネルギーの輸入に、年間約28兆円を使っているの。

ほかにも日本は外国から、着るものや食べるものも輸入しているんだ。

ひえぇ、すごい金額をはらって輸入しているんだね。

食品
約7兆10億円

電子機器
約12兆78億円

衣類
約3兆4153億円

138

買うばかりじゃなく、売ることはないの?

もちろん輸出もしているよ。実は、2010年まで30年続けて輸出額の方が多かった。つまり、貿易黒字だったんだね。でも2011年からは、輸入額の方が多くなっているんだ。

輸入と輸出のバランスは、これからどう変わるのかしらね。

◆輸出

日本の主な輸出品だよ!

自動車
約12兆462億円
(主にアメリカ、アジア各国)

電子部品(半導体など)
約3兆9145億円
(主にアジア各国)

鉄鋼
約3兆6682億円
(主にアジア各国)

日本の貿易のようすを、白地図でもっと学ぼう!

※量・金額は年間値／出典:財務省貿易統計(2015年)

139

◆ 主な輸入相手国・地域

日本がものを多く輸入している国・地域をおぼえましょう。

出典：財務省貿易統計（2015年）

上ページをよくおぼえたら、ここに書こう！

日本がものを多く輸入している国・地域を書きましょう。

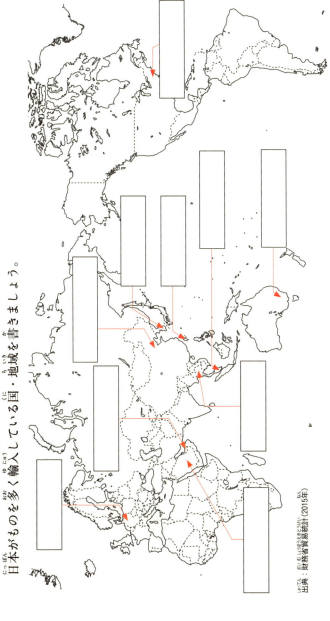

出典：財務省貿易統計(2015年)

◆ 主な輸入品と相手国 ◆

日本が多く輸入している輸入品と主な相手国をおぼえましょう。

出典：財務省貿易統計（2015年）

左ページをよくおぼえたら、ここに書こう！

日本が多く輸入している輸入品と主な相手国を書きましょう。

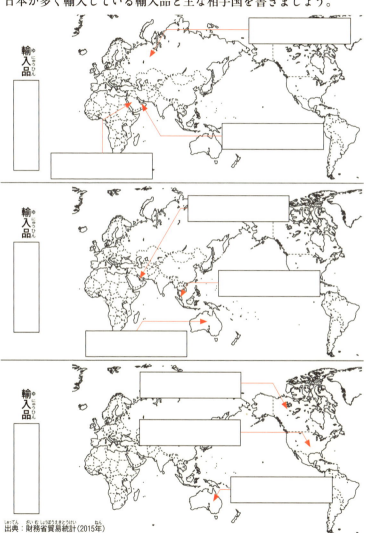

出典：財務省貿易統計(2015年)

◆ 主な輸出相手国・地域

日本がものを多く輸出している国・地域をおぼえましょう。

出典：財務省貿易統計(2015年)

上ページをよくおぼえたら、ここに書こう！

日本がものを多く輸出している国・地域を書きましょう。

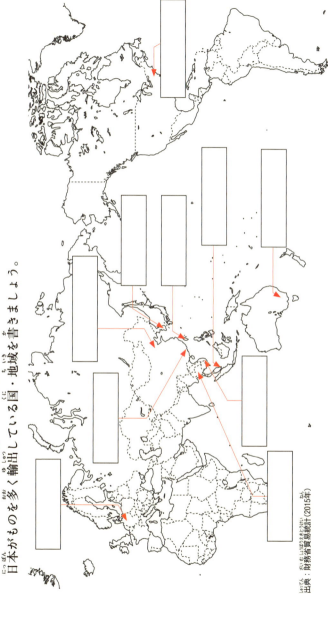

出典：財務省貿易統計 (2015年)

145

◆ 主な輸出品と相手国 ◆

日本が多く輸出している輸出品と主な相手国・地域をおぼえましょう。

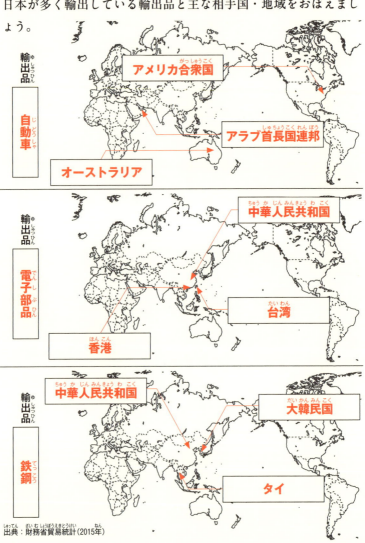

出典：財務省貿易統計（2015年）

左ページをよくおぼえたら、ここに書こう！

日本が多く輸出している輸出品と主な相手国・地域を書きましょう。

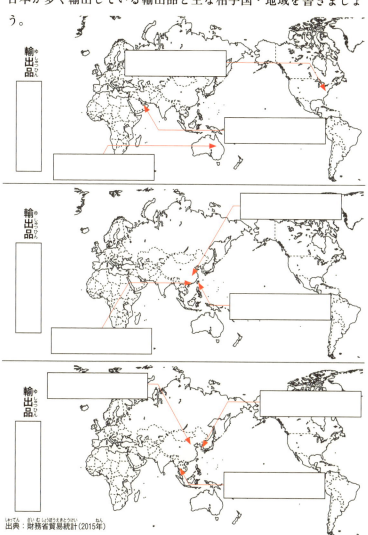

出典：財務省貿易統計(2015年)

日本の産業をおぼえよう！

日本の農業

果物や野菜、米などを生産する仕事を農業というよ。

牛や豚やにわとりを育てる畜産や、乳牛を育てて牛乳やバターなどを生産する酪農も農業よ。

東北地方
日本の米の1/4以上は東北地方産。「日本の米ぐら」と呼ばれる。青森県のりんご、山形県のさくらんぼなど果物も有名。岩手県では酪農も盛ん。

北海道地方
とうもろこし、じゃがいもやたまねぎなど生産量日本一の野菜がたくさん。稲作や酪農も盛んだよ。

中部地方
日本海側では米、山梨県は果物、長野県は高原野菜の抑制栽培や果物。静岡県の茶やみかん、愛知県の電照菊やメロンも有名。

関東地方
千葉県・茨城県は日本有数の野菜の産地。採卵のためのにわとり飼育も盛ん。

中国地方
岡山県のぶどう・もも、鳥取県の二十世紀なしが有名。

近畿地方
米どころは滋賀県や兵庫県。和歌山県はみかんや梅の産地としても有名。兵庫県や三重県では畜産(肉牛)も。

四国地方
高知県の野菜の促成栽培や、愛媛県のみかん・キウイが有名。

九州地方
宮崎県の野菜の促成栽培、鹿児島県の畑作。宮崎県・鹿児島県は日本有数の畜産地帯。福岡県や熊本県の二毛作、沖縄県はパイナップルやさとうきびの生産。

東京、名古屋、大阪などの大都市周辺で行われる農業を近郊農業というんだ。

参考資料：小学百科大事典きっずジャポニカ(小学館)

● 日本の漁業

北海道、宮城県、静岡県、千葉県、長崎県などには大きな漁港があって、たくさんの魚が水あげされるんだ。

釧路(北海道)
すけとうだら、さんま、いわし

石巻(宮城県)
さば、かつお、いわし

八戸(青森県)
するめいか、さば、ひらめ

長崎・松浦(長崎県)
さば、あじ、いわし

銚子(千葉県)
いわし、さば、さんま

焼津(静岡県)
かつお、まぐろ

最近は「とる漁業」から「育てる漁業(養殖)」に変わってきているの。日本の漁獲量のうち、約24%が養殖よ。(2015年)

● 日本の工業

日本の工業は昔はせんい工業が盛んだったけど、今は機械工業が中心になっているの。

工業生産額の割合
(経済産業省：2012年)

- その他(せんい工業、製紙パルプ工業、よう業など) 15%
- 食品工業(食料品) 12%
- 金属工業(鉄、アルミなど金属の化工) 14%
- 化学工業(薬品など) 15%
- 機械工業(自動車、電子部品など) 44%

151

◆ 日本の農業（米）◆

米の生産量が特に多い都道府県名と、主な産地・代表品種をおぼえましょう。

都道府県名	北海道
主な産地	上川盆地
	石狩平野
代表品種	ななつぼし
	ゆめぴりか

都道府県名	秋田県
主な産地	秋田平野
代表品種	あきたこまち

都道府県名	山形県
主な産地	庄内平野
代表品種	はえぬき

都道府県名	宮城県
主な産地	仙台平野
代表品種	ひとめぼれ

都道府県名	福島県
主な産地	会津盆地 など
代表品種	コシヒカリ

都道府県名	栃木県
	茨城県
	千葉県
主な産地	関東平野
代表品種	コシヒカリ など

都道府県名	新潟県
主な産地	越後平野
代表品種	コシヒカリ

資料：農林水産省統計（2015年産）

152

左ページをよくおぼえたら、ここに書こう！

米の生産量が特に多い都道府県名と、主な産地・代表品種を書きましょう。

都道府県名	
主な産地	
代表品種	

都道府県名	
主な産地	
代表品種	

都道府県名	
主な産地	
代表品種	

都道府県名	
主な産地	
代表品種	

都道府県名	
主な産地	など
代表品種	

都道府県名	
主な産地	
代表品種	

都道府県名	
主な産地	
代表品種	など

153

◆ 日本の農業（果物）◆

生産量が多い果物と、主な生産県名をおぼえましょう。

都道府県名	山形県
主な産地	山形盆地
果物の種類	さくらんぼ
	西洋なし

都道府県名	青森県
主な産地	津軽平野
果物の種類	りんご

都道府県名	山梨県
主な産地	甲府盆地
果物の種類	もも
	ぶどう

都道府県名	長野県
主な産地	長野盆地
果物の種類	ぶどう
	りんご

都道府県名	福島県
主な産地	福島盆地
果物の種類	もも

都道府県名	和歌山県
果物の種類	みかん

都道府県名	沖縄県
果物の種類	パイナップル

都道府県名	愛媛県
果物の種類	みかん

資料：農林水産省統計（2015年産）

左ページをよくおぼえたら、ここに書こう！

生産量が多い果物と、主な産地、都道府県名を書きましょう。

都道府県名	
主な産地	
果物の種類	

都道府県名	
主な産地	
果物の種類	

都道府県名	
主な産地	
果物の種類	

都道府県名	
主な産地	
果物の種類	

都道府県名	
主な産地	
果物の種類	

都道府県名	
果物の種類	

都道府県名	
果物の種類	

都道府県名	
果物の種類	

資料：農林水産省統計（2015年産）

◆ 日本の農業（野菜）◆

野菜の生産量が特に多い都道府県名と、主な産地・野菜の種類をおぼえましょう。

都道府県名	北海道
主な産地	（道内各地）
野菜の種類	とうもろこし
	じゃがいも
	たまねぎ
	大根
	にんじん

都道府県名	長野県
主な産地	（野辺山原）
特色	抑制栽培
野菜の種類	レタス
	はくさい

都道府県名	大阪府
主な産地	大阪平野
野菜の種類	しゅんぎく

都道府県名	茨城県
	千葉県
主な産地	関東平野
野菜の種類	ねぎ
	ほうれんそう

都道府県名	高知県
主な産地	高知平野
特色	促成栽培
野菜の種類	なす
	ピーマン

都道府県名	宮崎県
主な産地	宮崎平野
特色	促成栽培
野菜の種類	ピーマン
	きゅうり

資料：農林水産省統計（2015年産）

左ページをよくおぼえたら、ここに書こう！

野菜の生産量が特に多い都道府県名と、主な産地・野菜の種類を書きましょう。

都道府県名	
主な産地	（道内各地）
野菜の種類	

都道府県名	
主な産地	（野辺山原）
特色	
野菜の種類	

都道府県名	
主な産地	
野菜の種類	

都道府県名	
主な産地	
野菜の種類	

都道府県名	
主な産地	
特色	
野菜の種類	

都道府県名	
主な産地	
特色	
野菜の種類	

資料：農林水産省統計（2015年産）

◆ 日本の農業(畜産) ◆

畜産が盛んな都道府県名とその特ちょうをおぼえましょう。

都道府県名	北海道
特ちょう	乳用牛による酪農 食用牛の飼育

都道府県名	兵庫県
特ちょう	食用牛の飼育

都道府県名	岩手県
特ちょう	乳用牛による酪農 食用牛の飼育

都道府県名	千葉県 茨城県
特ちょう	にわとりの飼育による採卵

都道府県名	鹿児島県
特ちょう	食用豚の飼育 ブロイラーの飼育 肉用牛の飼育

都道府県名	宮崎県
特ちょう	食用豚の飼育 ブロイラー*の飼育 肉用牛の飼育

資料：農林水産省統計(2015年産)

＊ブロイラー…食用のにわとりの品種名。

158

左ページをよくおぼえたら、ここに書こう！

畜産が盛んな都道府県名とその特ちょうを書きましょう。

都道府県名	
特ちょう	

都道府県名	
特ちょう	

都道府県名	
特ちょう	

都道府県名	
特ちょう	

都道府県名	
特ちょう	

都道府県名	
特ちょう	

159

◆ 日本の林業 ◆

林業が盛んな都道府県名とその特ちょうをおぼえましょう。

木材の生産だけでなく、
きのこの生産も林業になるんだね！

※徳島県は日本一の生しいたけの産地

都道府県名	北海道
生産物	木材
	からまつ・えぞまつ・とどまつ

都道府県名	大分県
生産物	木材・きのこ
	すぎ・しいたけ(乾)

都道府県名	岩手県
生産物	木材
	すぎ・広葉樹

三大美林 (天然)	青森ヒバ	(青森県)
	秋田杉	(秋田県)
	木曽ヒノキ	(長野県・岐阜県)

三大美林 (人工)	吉野杉	(奈良県)
	天竜杉	(静岡県)
	尾鷲ヒノキ	(三重県)

都道府県名	宮崎県
生産物	木材
	すぎ

出典：農林水産省統計(2016年度)

左ページをよくおぼえたら、ここに書こう！

林業が盛んな都道府県名とその特ちょうを書きましょう。

都道府県名	
生産物	

都道府県名	
生産物	

都道府県名	
生産物	

都道府県名	
生産物	

三大美林 (天然)	(青森県)
	(秋田県)
	(長野県・岐阜県)

三大美林 (人工)	(奈良県)
	(静岡県)
	(三重県)

161

◆ 日本の漁業 ◆

日本の主な漁港です。地名をおぼえましょう。

●養殖の盛んな地域

☐ の漁場、☐ の水産物の名をおぼえましょう。

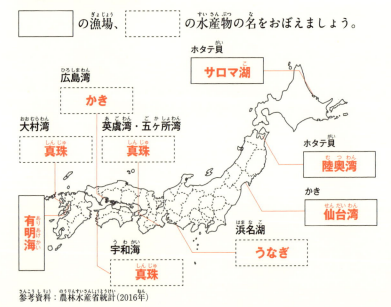

参考資料：農林水産省統計（2016年）

左ページをよくおぼえたら、ここに書こう！

日本の主な漁港です。地名を書きましょう。

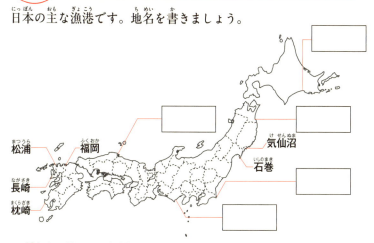

●養殖の盛んな地域

☐ の漁場、☐ の水産物の名を書きましょう。

◆ 日本の工業地帯・工業地域 ◆

工業地帯・工業地域の名前をおぼえましょう。

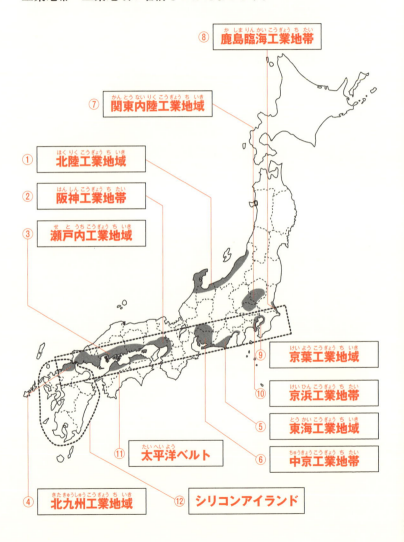

① 北陸工業地域
② 阪神工業地帯
③ 瀬戸内工業地域
④ 北九州工業地域
⑤ 東海工業地域
⑥ 中京工業地帯
⑦ 関東内陸工業地域
⑧ 鹿島臨海工業地帯
⑨ 京葉工業地域
⑩ 京浜工業地帯
⑪ 太平洋ベルト
⑫ シリコンアイランド

左ページをよくおぼえたら、ここに書こう!

工業地帯・工業地域の名前を書きましょう。

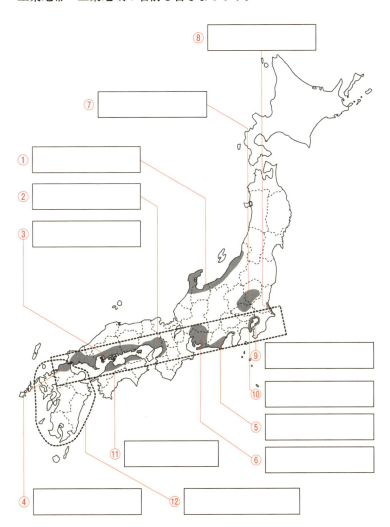

165

◆ 日本の石油化学コンビナート・製鉄所 ◆

石油化学コンビナートや製鉄所がある都市(都道府県)をおぼえましょう。

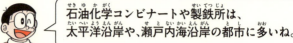

石油化学コンビナートや製鉄所は、太平洋沿岸や、瀬戸内海沿岸の都市に多いね。

主な石油コンビナート

①	鹿嶋(茨城県)	⑥	水島(岡山県)※
②	千葉(千葉県)	⑦	大竹(広島県)
③	川崎(神奈川県)	⑧	岩国(山口県)
④	四日市(三重県)	⑨	周南(山口県)
⑤	大阪(大阪府)	⑩	大分(大分県)

※水島コンビナートは岡山県倉敷市にあります。

主な製鉄所

A	室蘭(北海道)	I	神戸(兵庫県)
B	鹿嶋(茨城県)	J	加古川(兵庫県)
C	千葉(千葉県)	K	姫路(兵庫県)
D	君津(千葉県)	L	倉敷(岡山県)
E	川崎(神奈川県)	M	福山(広島県)
F	東海(愛知県)	N	呉(広島県)
G	半田(愛知県)	O	大分(大分県)
H	和歌山(和歌山県)	P	北九州(福岡県)

参考資料:経済産業省統計(2015年)、小学百科大事典きっずジャポニカ(小学館)

左ページをよくおぼえたら、ここに書こう！

石油化学コンビナートや製鉄所がある都市(都道府県)を書きましょう。

主な石油コンビナート

①		⑥	
②		⑦	
③		⑧	
④		⑨	
⑤		⑩	

主な製鉄所

A		I	
B		J	
C		K	
D		L	
E		M	
F		N	
G		O	
H		P	

◆ 主な空港と港 ◆

主な貿易港と空港の名前をおぼえましょう。

左ページをよくおぼえたら、ここに書こう！

主な貿易港と空港の名前を書きましょう。

① ［　　　］国際空港
② ［　　　］国際空港（羽田空港）
③ ［　　　］港
④ ［　　　］港
⑤ ［　　　］港
⑥ ［　　　］港
⑦ ［　　　］港
⑧ ［　　　］国際空港
⑨ ［　　　］港
⑩ ［　　　］港
⑪ ［　　　］国際空港
⑫ ［　　　］港
⑬ ［　　　］空港

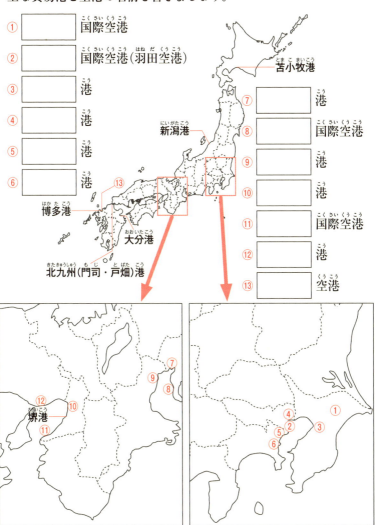

◆ 主な道路 ◆

日本の主な道路地図です。道路名をおぼえましょう。

左ページをよくおぼえたら、ここに書こう！

日本の主な道路地図です。道路名を書きましょう。

◆ 新幹線 ◆

日本の新幹線です。新幹線名をおぼえましょう。
今後、北陸新幹線(金沢〜敦賀間)、九州新幹線(武雄温泉〜長崎間)、北海道新幹線(新函館北斗〜札幌間)が開通予定です。

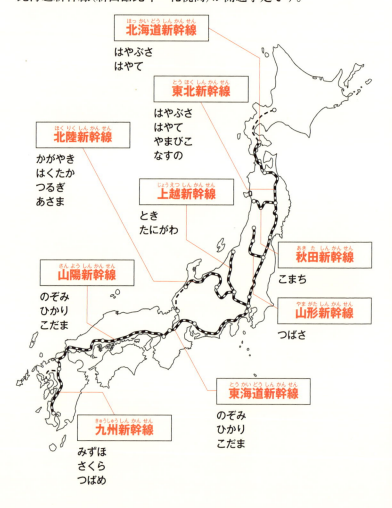

北海道新幹線
はやぶさ
はやて

東北新幹線
はやぶさ
はやて
やまびこ
なすの

北陸新幹線
かがやき
はくたか
つるぎ
あさま

上越新幹線
とき
たにがわ

秋田新幹線
こまち

山形新幹線
つばさ

山陽新幹線
のぞみ
ひかり
こだま

東海道新幹線
のぞみ
ひかり
こだま

九州新幹線
みずほ
さくら
つばめ

左ページをよくおぼえたら、ここに書こう！

日本の新幹線です。新幹線名を書きましょう。

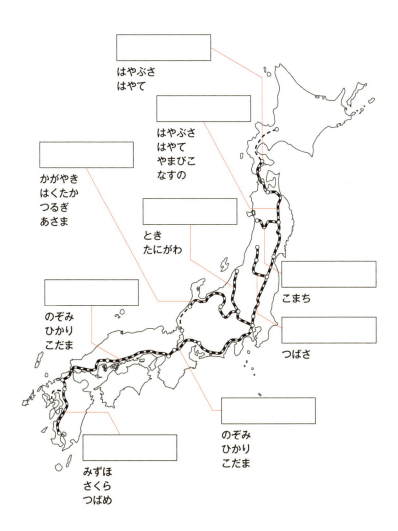

- はやぶさ / はやて
- はやぶさ / はやて / やまびこ / なすの
- かがやき / はくたか / つるぎ / あさま
- とき / たにがわ
- こまち
- のぞみ / ひかり / こだま
- つばさ
- のぞみ / ひかり / こだま
- みずほ / さくら / つばめ

この本に出てくる主な用語

亜熱帯
1年を通して非常に暑い「熱帯」地域と、気候がおだやかで四季がある「温帯」地域の間にある地域。夏は気温が高く、冬はきょくたんに寒くならない地域。「亜熱帯」という区分を用いるとき、日本では鹿児島県の屋久島南部から沖縄県一帯までを指す。

緯線
地球上の位置を表すために、地球の表面に赤道と平行に横に結んで考えられた線。赤道を0度として南北それぞれに90度ずつあり、赤道より北を北緯何度、赤道より南を南緯何度と表す。日本の位置は北緯20度から45度の間。

雨温図
ひと月ごとの降水量を棒グラフで、平均気温を折れ線グラフで、1年間の移り変わりを1つのグラフ上に表したもの。

温帯
1年を通して気候がおだやかで四季の区別がある地域。日本のほとんどの地域は温帯に位置する。北緯または南緯23.5度から66.5度までの間。

寒帯
1年を通して寒冷な、地球上で最も寒い地帯。北緯または南緯66.5度から、北極・南極までの間の地域。「亜寒帯」という区分を用いるとき、北海道は「亜寒帯」に分類される。

漁獲量
魚や貝などの海産物がとれた量のこと。漁獲高ともいう。

経線
地球上の位置を表すために、地球の表面を通って南極と北極をたてに結んだ線。イギリス・ロンドン郊外のグリニッジ天文台近くを走る線を0度に、それより西を西経何度、東を東経何度と表す。日本の本州は東経130度から145度の間にある。

降水量

一定の時間、雨や雪が降った量を水としてはかり、水がたまった深さをミリメートルで表したもの。例えば「1時間で100ミリの降水量」という場合、降った雨や雪が流れず器にたまった場合、水深100ミリのかさになるということ。

出荷額

品物を産地から市場に送り出した総額のこと。生産した品物の総量を金額に換算した生産額や、実際に客に売れた金額を指す販売額との意味のちがいに注意。

消費量

ものやエネルギーなどを実際に使ってなくした量のこと。「京都府ではパンの消費量が多い」とは、京都府内で食べられたパンの量が多いという意味。

生産量

くらしに必要なものをつくり出す量のこと。「青森県はりんごの生産量が日本一」などと使う。

促成栽培

ビニルハウスなどを利用して、野菜や花をふつうよりも早く育てる方法。しゅうかくする時期を早めて出荷することで、市場で商品の価値が上がることを期待して行われる。宮崎平野のピーマンや高知平野のなすが有名。

二期作

主に米の生産において、同じ田で1年に2回育てること。九州地方などの暖かな気候の地域に限って行うことができる。

二毛作

同じ耕地で1年に2回、ちがう作物をしゅうかくすること。例えば春から夏にかけて米をつくったあと、同じ耕地で秋から冬にかけて麦をつくるなど。

抑制栽培

促成栽培とは反対に、夏でもすずしい気候を生かして野菜や花をふつうよりもおそい時期に出荷する方法。長野県のレタスなどが有名。

●参考資料：例解学習国語辞典（小学館）／小学百科大事典きっずジャポニカ（小学館）／気象庁HP／農林水産省HP

- ■キャラクター原作／藤子・F・不二雄
- ■まんが監修／藤子プロ
- ■監修／浜学園
- ■まんが・イラスト／如月たくや
- ■表紙デザイン／横山和忠
- ■本文デザイン／タップハウス
- ■編集協力／ブックマーク
- ■編集担当／武藤心平（小学館）

©藤子プロ

ドラえもんの学習シリーズ
ドラえもんの社会科おもしろ攻略
白地図でぐんぐんのびる地理力

2018年7月25日	初版第1刷発行	発行者	青山明子
2024年7月28日	第2刷発行	発行所	株式会社 小学館

東京都千代田区一ツ橋2-3-1 〒101-8001
電話・編集／東京03（3230）5685
販売／東京03（5281）3555

印刷所　TOPPANクロレ株式会社
製本所　株式会社若林製本工場

©小学館 2018 Printed in Japan

- ●造本には十分注意しておりますが、印刷、製本など製造上の不備がございましたら、弊社「制作局コールセンター」（フリーダイヤル0120-336-340）にご連絡ください。（電話受付は、土・日・祝休日を除く9：30〜17：30）
- ●本書の無断での複写（コピー）、上演、放送等の二次利用、翻案等は、著作権法上の例外を除き禁じられています。
- ●本書の電子データ化などの無断複製は、著作権法上の例外を除き禁じられています。代行業者等の第三者による本書の電子的複製も認められておりません。

ISBN 978-4-09-253882-5